JN302032

大学授業の
パラダイム転換

―ICT時代の大学教育を創る―

上智大学名誉教授 加藤幸次

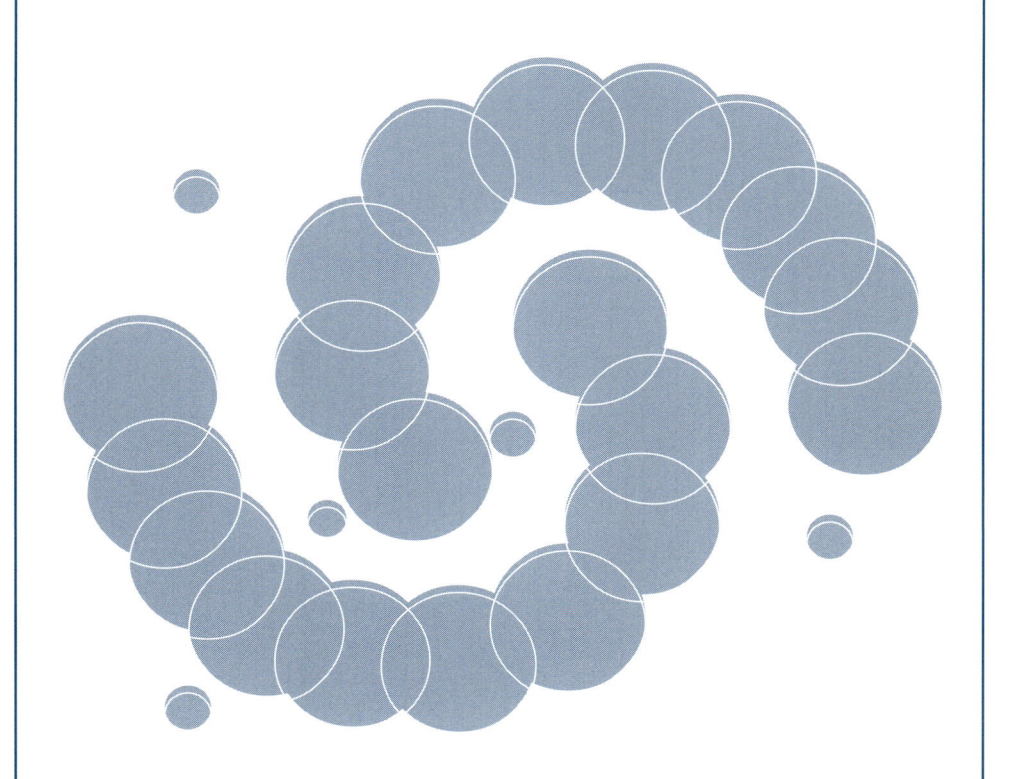

黎明書房

はじめに

　大学の量的拡大の時代が終わり，大学が成熟すべき時代に入りつつあることは誰の目にも明らかです。しかし，目指すべき成熟期の大学のあり方がしっかりと見えてきているわけではないのです。
　制度的には，早くから，生涯学習社会というモットーのもとに，社会人に大学や大学院教育を開放しようとする動きがあり，また，このところ顕著ですが，大学に大学院を加え就学期間を延長することによって大学教育の質を高めようとする動きがあります。しかし，こうした制度的な動きは，なお，量的拡大の時代の延長にすぎません。
　今日，問われなければならないことは，成熟期にふさわしい大学教育の質をどうするかということです。具体的には，そうした質を保障する日々の授業をどのようにして創るべきか，と問われているのです。もはや，大学は一部エリートのための教育機関ではありません。
　入学してくる学生は実に多様です。大学教育の質は，こうした多様な学生が，一人ひとり，大学での学習を自らのものとし，自らの個性を育む，という方向に向かって高められるべきです。そのために，日々の授業は，学生たちが主体的に，かつ，創造的に学習活動に取り組むことができるように，改革されねばならないのです。
　周知のように，2012年3月に，中央教育審議会大学分科会は「審議のまとめ」として『予測困難な時代において生涯学び続け，主体的に考える力を育成する大学へ』を公にし，大学教育の質的転換を求めました。

この「まとめ」によれば，大学教育の目的は，従来通り，「広く知識を授けるとともに，深く専門の学芸を教授研究し，知的，道徳的及び応用的能力を展開させること」であり，具体的なねらいは，次代を担う学生たちに，「生涯学び続け，どんな環境においても"答えのない問題"に最善解を導くことのできる能力」を授けることである，というものです。
　言うまでもなく，教育活動の核心は日々の授業にあります。日々の授業こそが大学教育の質的転換を牽引していくものです。したがって，授業を改革し，このねらいを達成するのにふさわしい授業を創りだしていくことが重要です。授業が改革なされなければ，この崇高なねらいは再び美辞麗句に終わりかねないのです。
　この審議会は，大学教育の質的転換をこの方向に促すように，制度設計の視点を示唆しています。「教育課程の体系化，教育方法の改善，成績評価の厳格化，教員の教育力の向上，学修成果の把握など総合的に取り組み」というのがそれらです。しかし，論を待ちませんが，実際に，この方向に教育の質的転換を図るのは，それぞれの大学であり，具体的にはその大学の学部，学科の教師たちであるはずです。
　何事につけ，方向転換を図るということは，容易なことではありません。革新的なビジョンを持って，従来からの教育のあり方を率直に見直し，具体的な方略を持って，抜本的に日々の授業を改めない限り，不可能だからです。それは，とても，勇気のいる，しかも，困難なことです。
　本書は，多様な学生一人ひとりの個性的な成長を願って，日々の授業の改革を目指して書いたつもりです。したがって，日々の授業に責任を持っている一人ひとりの教師に向かって書いています。
　初めに断っておきますが，成熟期にふさわしい大学教育の創造のためには，一方で，学科として特色ある教育課程を編成することが不可欠です。いわゆるCP（カリキュラム・ポリシー）のことです。しかし，この点については，本書では触れる余裕がありません。本書の焦点は日々

の授業の改革にあります。

　本書は4つの部から構成しました。まず，第1章と第2章で，授業についての学生の言い分を聞きながら，学生たちが「参加し・参画する」授業を創りだしてみました。具体的には，10個の新しい授業モデルを創りだしてみました。モデルですから，モデルの基本型を守りながら変化させ，サブモデルを創りだすことができます。教師には，学生たちと共に，「自分らしい」授業を創ってほしいのです。

　次に，第3章と第4章で，教育の質的転換を支える新しい知識観，教授観の確立に挑戦してみました。今日，これからの社会は知識基盤社会（knowledge based society）であり，「知識が社会，経済の発展を駆動する基本的な要素である」，とよく言われます。そのためには，まず，文化遺産の継承と文化の創造を区別し，知識の伝達と知識の創造を峻別してきた，これまでの教育についてのあり方を大きく変えなくてはなりません。

　結論的な言い方をすれば，従来2分されてきた文化遺産の継承と文化の創造，及び知識の伝達と知識の創造の間に分け入って，両者の間に橋を架ける活動こそが今日求められている教育活動なのです。教師は，学生たちと共に，このことに挑戦すべきです。まずは，教師が主体的に，かつ，創造的に挑戦する存在でなければならないのです。

　同時に，学習活動の基本である課題探究型学習についてとらえ直さねばなりません。すなわち，「2層構造」を持つ学習活動としてとらえ直す必要があります。課題探究型学習をわが身のものとし，自ら推進していくプロセスの中でこそ主体性や創造性が育まれるからです。「自分こそ学習活動を動かしている主人公だ」という「原因感覚」を持ちつつ，さらに，「自分こそ探究活動の全体に責任を持っているのだ」という「メタ認知」を育てることのできる課題探究型学習を創りだすことです。

　第5章と第6章では，成熟期の大学にふさわしい新しい教育環境につ

いて取り扱いました。コンピュータが一般化したICT (Information and Communication Technology；情報通信関連技術) 時代にあって，教師のための研究室と講義のための教室という物的教育環境のあり方は改められなくてはならないでしょう。こうしたハードの側面だけではなく，授業での学習環境を構成するソフトを創りださねばならないはずです。

第7章と第8章で，シラバスについて考えてみました。なぜなら，第1章から第6章まで述べてきたことは，具体的には，シラバスの上に反映されねば意味がないからです。現在のシラバスは授業の概要を書き出したものにすぎません。そこには，従来からの授業を改善するという意図が希薄です。

最後の第8章では，現在のシラバスは「授業概要」あるいは「講義要項」として残しつつ，改めて，教師はより詳しい授業についての「コース・シラバス（授業計画案）」を作成することを提案しました。繰り返しますが，なにより，教師自身が，授業に対して主体的，創造的でなくてはなりません。自分が描く授業のあり方を反映した「自分らしい」シラバスを作るべきであると考えます。

本書は大学教育の「パラダイムの転換」を目指しているのですが，率直に言って，不安に思っていることが2つあります。

1つは，はたして，パラダイムの転換に大学や教師が耐えられるのかどうか心配です。教師の多くは知識を客観的に正しいものとして伝達することが自分の職務であると信じているに違いないからです。すなわち，パラダイムの転換は教師たちのアイデンティティを危うくしかねないのです。系統主義，教科主義に固執する大学教師があまりにも多いのです。

もう1つには，大学教育の質的転換を図るためには，学習の主体者である学生に大きく譲歩することを前提としなければならない，ということです。大学教師の多くは，大衆化した今日の大学で学生に大きく譲歩することは教育の質の低下につながる，と考えているのではないか。は

たして，こうした譲歩を認めるかどうか，ということです。

　黎明書房の武馬久仁裕社長に，大学での指導法について書くように，勧めていただいたのは3，4年も前のことです。いざ書き出してみると，まさに，自分史を書くようなもので，とても「怖い感じ」になりました。専攻科を含んで大学に5年間，日本とアメリカの大学院になんと10年間も学び，そして，30年以上も，教壇に立ってきた自分の人生を振り返ると「よくやってきたものだ」，と自負するような思いと同時に，人生をかけて「この程度のことだったのか」，と不甲斐なく思う感情が交差します。

　執筆の機会をいただいた武馬社長に感謝すると同時に，この程度のことしか書けなくて，申し訳ない気持ちでいっぱいです。

　この本は，形見となるかもしれないと意識して，2人の娘，長女のパンホルッァー・加藤・美和と，やっと教壇に立つことになった次女の加藤恵理に捧げます。

　　2013年9月10日
　　　新美南吉誕生100年を祝う半田市の家にて

　　　　　　　　　　　　　　　　　　　　　　　加　藤　幸　次

目　次

はじめに　*1*

第1章　学生たちは，どんな授業を「良い授業」と考えているのか

1　静かに教師の講義を聞く時代は，とうの昔に終わっている　*16*

　まずは，学生の言い分を聞いてみたい　*16*
　学生の言う「良い授業」とは　*17*
　「一方的ではない，双方向的な授業」を望む　*19*
　「興味・関心をかきたてるような工夫」や「意欲づけがなされる」なら，講義も受け入れられる　*20*
　「学生の関心事をめぐって，一貫性のある講義」を望む　*21*
　「ユーモアのある人間性豊かな」教授態度を望む　*21*
　「威圧的で，熱意が伝わってこない」教師の態度を嫌う　*22*
　リアクション・ペーパーを使って，反省の機会を作る　*23*

2　このコースの「シラバス」から振り返り，反省する　*24*

　どんな「シラバス（授業概要）」を学生に渡していたのか　*24*
　教育方法をめぐって「概念砕き」から始める　*25*
　「ドリル学習」の特色と限界に気づかせる　*26*
　多様な指導法の存在に気づかせる　*27*

成績をつけることのむつかしさ　28
　　自分で自分の学習を評価する「ほろ苦さ」を味わってもらう　29

第2章　教師と学生による双方向的な「参加型・参画型」授業を創る

1　成熟期の大学にふさわしい授業のあり方を構想し，大きく構える　34

　　授業における「ヘゲモニー」を問う　34
　　学校教育法の規定する「大学の目標」を改めるべきである　34
　　誰が授業のヘゲモニーを握るべきか　36
　　教育内容と教育方法をめぐって，ヘゲモニーを考える　38

2　新しい授業づくりのための方略　40

　　カテゴリーAからDへと，Z字型に移動させる　40
　　教育方法の上で，教師がヘゲモニーを発揮する　41
　　次元をジャンプすることを自覚する　43
　　教育内容の上で，学生がヘゲモニーを発揮するとは　44
　　「参加型」講義と「参画型」演習を意識して，区別する　46

3　5つの「参加型」講義モデルを創る　47

　　(1)　「講義＋質疑」モデル　47
　　(2)　「アサインメント（予習，課題）＋講義」モデル（例：「反転授業」）　48
　　(3)　「視聴覚教材＋講義」モデル（例「ジャスパー型課題づくり」授業）　50
　　(4)　「グループ学習＋講義」モデル　51
　　(5)　「ダイアローグ型講義」モデル（例：白熱教室）　52

4　5つの「参画型」演習モデルを創る　55

(6)　「マイペース型演習」モデル（例：「e-ラーニング」）　55
(7)　「課題選択型演習」モデル（例：テーマ学習，サービス・ラーニング）　57
(8)　「個人探求型演習」モデル（例：個人プロジェクト学習）　58
(9)　「ワークショップ型演習」モデル（例：集団プロジェクト学習）　60
(10)　「自由研究型演習」モデル（例：「インデペンデント・スタディ」）　60

5　どのように現実の教育課程に位置付けるべきか　61

専門基礎教育課程と専門教育課程に分けてとらえる　61
専門基礎科目に「参加型」講義を，専門教科目に「参画型」演習を適用してみる　62
知識を伝達することと創造することという2段階論を問う　63
通説・常識を学ぶことと通説・常識を疑うことという2段階論を問う　64
伝達と創造，学ぶことと疑うことを統一しなければならない　65

第3章　構築主義をベースにして，新しい教授学を構築する

1　学生への目線を改めることから始める　68

学生への厳しい不信感が醸成されてきた　68
「この頃の学生は計算もできないし，読み書きもできない」と　69
学生たちは「学力低下」論をどう見ていたのか　70
社会的に増幅された「学力低下」論にすぎない　72

目　次

2　知識への見方・考え方を改めることからすべては始まる　73

知識は客観的に「そこに，あるもの」ではない　73
理解の仕方も，また，変化してやまない「人工物」にすぎない　75
文化遺産の継承と文化の創造を「統合」しなければならない　76
大学の教育課程は「文化創造」への「足がかりとなる場」を提供すべきである　77
特に，総合的専門科目は専門領域の「発生・発達史」から構成する　79
教師は「自分の生き方」を交えて講義すべきである　80

3　「足がかり」を得て，自分なりに知識を創造するのは「私」自身である　81

「基礎基本」という言葉に惑わされる知識人が多い　81
「学力がない，意欲がない」と嘆く大学教師が多い　82
「個性的」構成主義に基礎を置く　83
「状況的学習」論は葛藤を封鎖し，現状に取り込む，保守論である　86

4　ガイダンスを通して，統合する「私」を支援する　87

科目の履修に関するガイダンスはある　87
学部，学科は履修科目の「統合」を支援すべきである　88
学習経験を統合するのは「私」である　89

5　教師の役割は講義するだけでなく，学生の探究活動を支援することである　90

「シラバス（授業計画案）」を立案することに始まる　90
次に，授業のための学習環境を準備することである　91
個別に指導，助言活動を行うことである　92

第4章 学習者の主体性，創造性を育てる新しい教授学を構築する

1 そもそも，学習に主体的，創造的にかかわるとはどういうことなのか 96

聞いて学ぶ講義と翻訳して学ぶ演習だった 96
「理解」するためには，「ドゥーイング」が不可欠である 97
現実は「ドゥーイング」が「追試」に陥ってしまっている 99

2 「なぜ，どうして」と問うことが学習者の主体性，創造性を育む 100

「深い」問いから始める 100
全体が見通せないところでは，主体性，創造性は発揮できない 102

3 「学習課題づくり」を主体的，創造的に行う 104

「参画型」演習は学習課題を作るところから始まる 104
最初のステップとして「動機づけ」が重要である 104
ウェビング手法で「課題づくり」をする 106
ウェビング手法で学習課題の全体像を描き，見通す 107
探究のための素材とスケジュールについても，同時に考える 108
「学習ガイド」に書き込み，役割分担して探究する 109

4 「ポートフォリオ評価」は活動全体の姿を反省する機会を提供する 110

プロセス評価のための「ポートフォリオ」を作成する 110
「メタ認知」の育成を目指した「振り返りシート」を加える 111
課題探究活動の3つの場面で反省的思考を行う 112
評価は認知行為とメタ認知行為を重ねて行う 114

目 次

第5章　ICT時代にふさわしい，豊かで多様な学習環境を用意する

1　「マン・トゥ・マン」システムから「マン・トゥ・エンヴァイロメント」システムへ　116

かくも豊かで，多様な教材・学習材がある　116
「教師が学生を教える」システム　117
「学生が学習環境と相互作用する」システム　118

2　「図書館」「学生食堂」から学部・学科所属の「学習センター」へ　120

「研究室」「講義室（演習室）」「図書館」しかない　120
ICT時代にふさわしい教育施設のあり方を探る　120
学部・学科は学部・学科にふさわしい「学習センター」を持つべきである　121
学習活動を支援するシステム（Moodleなど）を活用する　123

第6章　課題探究活動を導く「学習ガイド（学習計画表）」を作成する

1　教材ではなく，「学習材」という概念を作り出す　126

「講義ノート」を書くことから始まった　126
『講義ノート屋』の時代が終わった　127
寄せ集め型「テキスト（概説書）」に代わる　128
大学には「教材」という概念すらなかった　129

「参加型」講義では，大いに補助教材を活用すべきである *130*

2 「学習材」という概念で，探究活動のための学習環境を構成する *131*

ICT時代になり，事態は一変したはずである *131*
学習材（Learning Material）という概念を導入しなければならない *132*
「直接的」学習環境と「間接的」学習環境に分けておく *134*

3 自力による探究活動を導く「学習ガイド」を作成する *135*

学習環境と学習者を結ぶ「ディバイス」が必要である *135*
探究活動を導く「学習ガイド」とは *136*
「学習ガイド」を構成する要素 *137*

4 セット化された「学習パッケージ」も作成する *141*

「構造的」から「非構造的・否構造的」へ *141*
「学習パッケージ」とは *141*
なぜ，「参画型」演習のための学習材と言えるのか *143*

5 「参画型」演習に，契約学習という概念を導入する *144*

4つの契約学習のタイプを考える *144*
　(1) 個別学習型契約学習（Individualized Performance-Based Contract Learning） *145*
　(2) 個人探究型契約学習（Self-Inquiry Contract Learning） *146*
　(3) 集団探究型契約学習（Group-Inquiry Contract Learning） *147*
　(4) 自由探究型契約学習（Independent Study Contract Learning） *148*

目次

第7章 「参加型・参画型」授業のための
シラバスはどうあるべきか

1 何を目指して，シラバスを作るべきか 150

現在のシラバスは中途半端なものである 150
日本のどの大学のシラバスも同じ形式で書かれている 151
必要性があって，シラバスが作られているように見えない 152

2 講義式授業を改革する方向につながっていない 154

シラバスは教師と学生たちとの「契約書」であると言われるが 154
シラバスは学生が科目を選択するのに役立つと言うが 156

3 シラバスは「適切な緊張感を醸し出す」媒体である 156

アメリカの大学院に留学してシラバスに出会う 156
大学院生は平均「B」以上を維持しなければならない 158
「アサインメント」をこなしていかなければ，授業について
いけない 160

第8章 学生たちに果敢に挑戦する，自分らしい
「コース・シラバス（授業計画案）」を作成しよう

1 アメリカの大学の「シラバス」について検討する 164

アメリカの「Syllabus」と日本の「シラバス」は別物である 164
内容が重要であって，形式にこだわっていない 165
特色は「学習ツール（Learning Tool）」という機能にある 167

学生を「アクティブ・ラーナー（Active Learner）」に仕立てる　169
　　講義の中に，発表，話し合い，作業，ワークショップなどが組み
　　　合わされている　170
　　学習への「動機づけ：誘い掛け」に役立つべきものである　171
　　学習への「動機づけ：このコースの面白さ」に役立つべきもの
　　　である　173

2　「参加型」講義のための『コース・シラバス（Course Syllabus）』を作る　175

　　アメリカの大学のシラバスから学び，『コース・シラバス』を作る　175
　　アサインメントを前提として講義をする　176
　　小グループによる話し合い活動や作業を織り込んで講義する　177
　　「指導計画（案）」として提示し，修正を考慮する　178

3　「参画型」演習のための『コース・シラバス』を作る　179

　　アメリカのシラバスには，「学習ガイド」の役割が組み込まれている　179
　　演習には『コース・シラバス』と共に，「学習ガイド」を用意する　180
　　ワークショップ型演習のためのコース・シラバスも「学習ガイド」を
　　　含む　181

4　教師自身が主体的，創造的な挑戦者でなければならない　182

　　教師自身がどのように知識に対し主体的，創造的に挑んでいるのか　182
　　教師自身がどんな社会的，文化的貢献をしようとしているのか　183
　　教師自身が，学生たちに寄り添って，授業を展開しているのか　184

索引　186

第1章
学生たちは，どんな授業を「良い授業」と考えているのか

　ここでは，教える側にいる教師の「言い分」から始めるのではなく，学ぶ側にいる学生の「言い分」を聞くことから始めたいと思います。もちろん，相変わらず，この頃の学生は「そもそも，やる気がない。意欲がない」と嘆く教師が多いことは承知しています。

　ところで，このところ，「勉学第一」と考える学生たちが多くなってきている，という最新の調査があり，考えさせられています。その調査によれば，学生が「まじめ化」し，それに伴って，授業の出席率も高くなり，逆に，大学の「学校化」，学生の「生徒化」が進行しているというのです。（全国大学生活協同組合連合広報調査部『バブル崩壊後の学生の変容と現代学生像』2012年12月）

　さらに，この調査を主導された武内清氏は，自ら主体的，自主的にものごとを求めるというよりも，教師が授業で何かを与えてくれるのを待っている学生が多くなったのではないか，と結論づけています。（「現代学生論」教育調査研究所『教育展望』2013年4月号）

　率直に言って，から恐ろしくなってきます。一体，学生たちはどうなってしまったのか，この年になっても，心配になります。そもそも，大学という教育機関はどうあるべきか，根本的に問わねばならない状況にあることは間違いないようです。

　まずは，学生たちの「言い分」を聞くところから始めます。

1　静かに教師の講義を聞く時代は，とうの昔に終わっている

まずは，学生の言い分を聞いてみたい

　少し前のことになりますが，上智大学の教職科目『教育方法』（前期）の授業で，「良い授業」，「悪い授業」について，リアクション・ペーパーを書いてもらいました。幸い，手元に残してありましたので，ここでは，このリアクション・ペーパーを整理しながら，学生の言い分を聞いてみようと思います。

　このコースには，ほぼすべての学部から教員免許の取得を目指す2年あるいは3年の学生が集まってきていて，この時は，249人の学生がリアクション・ペーパーを書いてくれました。

　およそどんな内容のコースであったかについては，次の項でお話しますが，まずは，学生の言い分を聞いてみたいのです。リアクション・ペーパーを書いてもらった授業は，このコースの第7回目の時間で取り扱った，ある高等学校の『世界史』の1時間の授業です。

　まず，この授業のビデオを見てもらいました。50分間の授業で，5回ほど，教師が短い発問をし，学生が答えるという場面がありましたが，教師は教卓から離れることなく，いわゆる「講義式」授業です。

　私は，見る前に，学生たちに次のように語りかけておきました。「シラバスを見てきた人はわかると思いますが，今日と次回の授業では，皆さんが毎日受けている大学での『講義』について，考えることにしたいのです。大学での授業のビデオを手に入れることができませんでしたが，今日はこれから，ある高等学校の『世界史』の授業のビデオをお見せします。50分と長いので，注意して見てください。メモを取りながら，見てください」と。

第1章　学生たちは，どんな授業を「良い授業」と考えているのか

　加えて，「ところで，このビデオは『教師用教材』として，市販されているもので，19,000円もします。ということは，この授業は他の先生方の模範となる『良い授業』と言っていいはずです。このことを頭の隅において，まずは見てください。終わったところで，リアクションを書いていただきます」と。

　ビデオを見ていて，やや，授業が単調であったせいか，学生たちに集中力が欠ける場面もあったように思いましたが，50分間，初めから終わりまで見せました。見終わったところで，次のように指示しました。

　「さて，このビデオの授業を参考にして，良い授業とはどんな授業か，考えてみてください。逆に，悪い授業とは，どんな授業か，考えてくれてもかまいません。時間は30分くらい残っています。書き終わったら，提出して退室して結構です。読ませていただいて，来週，私のコメントを発表します。」

　ここでの私の意図は，次のようなものでした。まず，受講者である学生は，この『教育方法』のコースもそうですが，毎日，大学で，いわゆる講義式の授業を受けているのです。たとえ，ゼミ（演習）と言われている比較的少人数のクラスでも，講義式の授業である場合が一般的です。と言って，学生たちが毎日受けている大学の授業を直接検討の対象とすることには，少し危ういところがあると，感じていましたので，教材として，高校での講義式授業である「世界史の授業」を取り上げた，という次第です。

学生の言う「良い授業」とは

　「良い授業」について書いてくれた学生は249人中151人でした。「悪い授業」について書いてくれた学生はなんと87人もいました。両方について，あるいは，区別がはっきりしないで書いてくれた学生が11人でした。残る3人は無記入に近いものでした。この3人はここでは除く

ことにします。

　このような状況で，学生たちが書いてくれたリアクション・ペーパーです。この高等学校の世界史の授業は，学生たちが大学で受けている多くの「講義」に近いもので，学生は考えやすかったのではないか，と思っていましたし，自分たちが毎日受けている大学での講義に対する「言い分が十分表現できるのではないか」と考えました。

　学生たちのリアクションの概要ですが，まず，「良い授業」について見てみます。

　箇条書きの形で，順番に，良い授業について書かれていたものが21あり，それらから見てみます。なぜなら，学生が望む良い授業の全体像を知ることができるからです。

　次のような授業が「良い授業」であるというのです。

① 教師が一方的に話すだけではなく，双方向的な授業
② 教科書だけでなく，適切なビデオや資料が用意されている授業
③ 学生が主体的に取り組める授業
④ 学生に考えさせる授業

さらに，

⑤ 主張が一貫している授業
⑥ なぜか，という問いが自然に生まれてくるような授業
⑦ 学生の興味に合わせた授業
⑧ 生きる手段，生活，仕事などに関連する授業

さらに，続いて，

⑨ 教師に人間的な魅力がある授業
⑩ ときどき笑いのある授業

などです。

　大きく3つに分けて考えることができそうです。

　まず，①は大きく授業の形式にかかわる項目で，②から④も授業の形

式にかかわる項目ですが，学生たちへ働きかけることの重要さを指摘した，授業のあり方と言ってよいでしょう。

次に，⑤は授業の内容にかかわる項目ですが，教師による内容に対する一貫したアプローチの重要性にかかわる項目で，⑥から⑧は学生たちの興味や関心に根差した授業の内容にかかわる項目でしょう。

⑨と⑩は授業中の教師の態度にかかわる項目です。また，⑨や⑩は，授業が教師と学生という人間の間で展開されるものであるところから生じる授業の雰囲気にかかわることです。

たしかに，これら10項目は今日の学生たちが求める良い授業の姿をよく言い表している，と言ってよいでしょう。

広辞苑によれば，講義という言葉は「大学の授業全般を指してもいう」という広い定義のほかに，講義とは「大学などで，教授者がその学問研究の一端を講ずること」とありますから，形式というよりも，講義の内容に力点が置かれた言葉でもあります。

「一方的ではない，双方向的な授業」を望む

以下，この全体像について，さらに詳しく見ていきたいと思います。まずは，興味あることに，「教師が一方的に話すだけの授業」や「講義式」といった形式を問題にした学生は249人中228人と，圧倒的多数です。言いかえると，学生の立場からすると，授業の内容についてというよりも，授業の展開の仕方が問題になっているということです。

直接「双方向的な授業（interactive）」が良い授業と書いた学生は，箇条書きにした学生11人を含んで，141人でした。他方，「悪い授業」について書いた87人のほとんどの人が「一方向の授業」は「悪い授業」と書いています。

「悪い授業」について書いてくれた87人の内，41人が次のように具体的に悪い授業について指摘しています。「学生の理解度を無視している」

「ただ単に話し続ける」「ノートを取らせたり，教科書を読むだけ」「教師が自分のペースで進む」「考えさせない，質問させない」授業というのです。一口で言うと，学生を無視してすすめる「一方的な」授業ということです。

少し吟味してみますと，次のような構造が浮かびます。まず，「教師が一方的に話すだけの授業」は，「興味をそそらず」「すぐ眠くなる」というのです。そこで，教師は「学生の理解度を確かめながら，講義をする」「雑談などを交えて，眠くならない工夫をする」「ときに，質問をする」「プリントやビデオなどの視聴覚教材を用いる」「余談やエピソードなどをまじえて，話すべきである」というのです。

「興味・関心をかきたてるような工夫」や「意欲づけがなされる」なら，講義も受け入れられる

少し矛盾するように聞こえますが，それでいながら，一部の学生たちは授業が「一方的な講義であってもしかたがない」と，うすうす，認めている節があるのです。一般的に小規模なゼミ（演習）と呼ばれる授業でも，講義式授業と言ってよいでしょうし，日本の学生たちは講義以外に授業がイメージできないに違いないのです。

今では，サービス・ラーニング（service learning）など，新しい授業のあり方がよく知られているのですが，実際のところ，学生たちはそうした授業を受けたことがないのです。今日，有名な「白熱教室」は日本では現実にありえない講義式授業の1つです。だからこそ，大いに話題にされるのでしょう。

こうした状況の中で，学生たちは，次のような条件をつけて，講義式授業を受け入れているように見えます。

「良い授業」について，箇条書きではなく，文章の形で書いてくれた130人の内，10人は，教師が一方的に話す授業でも，次のような場合は

良い授業だと，譲歩した意見を言っている点は，興味を引きます。
　①教師が「興味・関心をかきたてるような工夫」や「意欲づけを工夫」していたり，②授業の中に「何かが触発されるようなものがある」「自分なりに考えるきっかけがある」「良い質問ができるような工夫がある」場合は，良い授業ではないか，と言っているのです。
　その意味するところは，学生たちは，条件付きではありますが，一方的な講義式授業に理解を示している，ということです。実際，彼らが毎日受けている授業は講義式授業であり，このビデオを見ながら，そうした授業の意味を詮索していたのではないか，と思われます。

「学生の関心事をめぐって，一貫性のある授業」を望む

　どのようなことについても言えることですが，まず，形式が目につきます。「教師が一方的に，学生を無視して話すだけの授業」はその典型ですし，今日の学生から見れば，それは本当に「悪い授業」です。
　しかし，本質的には，授業の内容こそ問題とされるべきです。リアクション・ペーパーを書いてくれた学生たちも，多くの学生とは言えないのですが，この点に気づいています。
　彼らは，「良い授業」として，「生きる手段，生活，仕事などに関連する授業」「日常の生活，日頃の関心事や現代的な問題に結びつけられている授業」と指摘しています。
　付け加えておけば，「悪い授業」について書いた学生からは，このほかに，「伝えたいことがはっきりしない授業」「話が秩序だっていない授業」「さまざまの解釈を許さない授業」「ある思想，イデオロギー全開の授業」は悪い授業であると指摘しています。

「ユーモアのある人間性豊かな」教授態度を望む

　別の側面になるのですが，「良い授業」について書いてくれた学生の

うち17人が，教師の授業中の態度について触れています。当然と言えば当然のことですが，授業は教師という人間と学生という人間の間で行われる活動です。すなわち，大学では一般的に15回の講義式授業が1つのコースです。コースを通して，教師と学生の間に何らかの信頼関係が築かれていなければならない，と言えます。信頼関係が希薄なら，授業はやがて成り立たなくなり，学生は単位を取得するために，いやいや，出席しているにすぎなくなります。居眠りする学生が多くなり，ときに，私語が蔓延して授業が成り立たなくなるでしょう。

　この17人は次のような教師の態度について触れています。「具体的な事例や教師自身の経験談が語られたり」「ジョークや余談があり」「学生との間にアイ・コンタクトがあり」「ときに，笑いが生じるような授業」が望ましい，というのです。教師の話術にも触れ，「説得力のある，親しみやすい話し方」が必要である，とも言うのです。もっともなことではないかと思います。

「威圧的で，熱意が伝わってこない」教師の態度を嫌う

　さらに付け加えておけば，「悪い授業」について箇条書きにした学生が17人います。そのうち14人が教師の「学生をさげすむ態度」や「教師のやる気のなさ」について非難しています。

　さらに，このほかに，「悪い授業」について書いてくれた70人の学生の内11人の学生が，教師の授業中の態度について批判して，「威圧的，さげすむ，見下す態度」「熱意が感じられない，学生の目を見て話さない，笑い顔のない，小声で表現力に乏しい授業態度」，したがって「雑談やジョーク，ユーモアのない態度」を指摘しています。

　リアクション・ペーパーを提出した学生は249人で，うち25人が教師のこのような否定的な授業態度を指摘していることは意味あることに違いないと考えられます。もちろん，こうした学生のリアクションには，

どちらかと言うと，高等学校や予備校で受けた授業での経験が反映されていると思われるのですが，大学２，３年の学生のリアクションであることを考えると，大学での講義式授業での経験も混じっているものと思われます。

　「まっとうな授業」という表現で要約しておきますと，学生たちが「まっとうな授業」と考えている授業は，次のような４つの側面から描かれていると言ってよいかと思います。

　①　まず，「主張が一貫している授業」がまっとうな授業であるというのですが，当然のことでしょう。逆説的に言えば，何が言いたいのかはっきりしていない授業がかなりある，ということではないでしょうか。

　②　次に，「学生の興味に合わせた授業」「学生に考えさせる授業」「なぜか，という問いが自然に生まれてくるような授業」「何かが触発されるようなものがある授業」「自分なりに考えるきっかけをくれる授業」「良い質問ができる工夫がされている授業」がまっとうな授業だというのですが，すなわち，学生の願いや疑問に応えてくれる授業です。

　③　さらに，「生きる手段，生活，仕事などに関連する授業」「日常の生活」「日頃の関心事」や「現代的な問題」に結びつけられている授業です。

　④　最後に，「教師の人間味のあふれた授業」ということでしょう。

リアクション・ペーパーを使って，反省の機会を作る

　コースの中間の時点で，リアクション・ペーパーを書かせたことは，成功であったと今でも思っています。なにより，教職科目であり，『教育方法』コースであり，自分たちが日ごろ受けている大学での講義式授業について考えさせる，またとない機会だからです。

　私は，後期には教職科目『教育課程』を担当していましたが，ここでは，「教科書問題」などを活用して，カリキュラムのことに集中してき

たつもりです。かなり多くの学生が，前期の『教育方法』を履修していたと思います。

　学生たちは中学校・高等学校の教員免許を取得するために，このコースを履修していましたし，実際に教職に就く学生は勤務先として高等学校に行く人が多かったのです。ほぼ毎年，このコースでは，高等学校の授業のビデオを学生に見せ，「良い授業とはどんなものか」考えさせてきたつもりです。

2　このコースを「シラバス」から振り返り，反省する

どんな「シラバス（授業概要）」を学生に渡していたのか
　次に，学生たちからこうしたリアクション・ペーパーをもらった『教育方法』の授業について，学生たちに最初の授業で渡したシラバスをもとに，振り返ってみたいと思います。

　私は，編集部に依頼されて，1991年7月号の『大学時報』に「シラバスの意義と効果」と題して，小論文を書いています。当時はまだ，シラバスという言葉も珍しく，シラバスを書いて学生に配っていた人が少なかったのでしょうか，私に書くように依頼が来たのです。私はB4判1枚に，簡単なコースのねらい，スケジュール，テキスト・参考文献，評価などについて書いて，着任して以来，学生に渡していました。常に，最初の授業では，シラバスを使い，コースの全体の様子について，話をしてきました。

　第7章で，少し詳しく見ますが，ここでシラバスと呼んでいるものは，おおざっぱな「授業概要」「講義要項」のようなもので，今日，日本でシラバスと呼ばれているものの原型のようなものです。アメリカでシラバスと言われてきているものとは，大いに，違います。それらは，かな

り詳しく，時に，Ａ４判にして10ページを超える「授業計画案（コース・シラバス）」を意味します。とりあえず，ここでは，Ｂ４判１枚の授業概要を「シラバス」と呼んでおきます。

　形の上では，教師と学生に授業に関する「契約書」のふりをして，最初の授業のとき，「これで良かったら，このコースを履修してほしい。不満なら，言ってほしいし，あるいは，履修しないでほしい」と，もっともらしく言ってきたものです。

教育方法をめぐって「概念砕き」から始める

　私がシラバスに書いたこのコースのねらいは「教師が今日行っている指導という行為には，『こんな根本的な問題がある』と学生たちに気づかせること」でした。いわゆる「問題提起型学習」です。なぜなら，実際には，一部の学生だけが教職に就くにすぎないのですが，教職に就いたら，このコースで学んだ根本的な問題に挑戦してほしい，と願っていたからです。一方，多くの学生は教職に就くのではなく，教員免許だけを取得するのですが，それでも親として，一般人として，「学校の教師は『こんな根本的な難問』を抱えつつ，授業を行っていることを知ってほしい」と願っていたからです。

　言いかえると，このコースで，指導という教師の行為に対する「課題意識」を持ってもらいたいと，願っていたのです。繰り返しますが，「問題提起型学習」を目指していました。

　他方，ほとんどの学生は，すでに塾で教えていたり，家庭教師をしていて，「自分は教えることができる」と信じています。すなわち，「指導」についてさして問題を感じているわけではないのです。知識さえあれば，それで指導ができるくらいに考えているのです。したがって，『教育方法』などにほとんど関心がなく，そもそも，なぜこんなコースを履修しなければならないのか，いぶかっているのではないか，と考えていたか

らです。

　一般的な言い方ですが，私は，指導という行為についての「概念砕き」がこのコースの最初にして最大のねらい，と考えてきました。

「ドリル学習」の特色と限界に気づかせる

　先にも述べましたが，第1回目の講義（90分）では，決まって，「シラバス」を使って，コースの全体について説明しました。同時に，私を知ってもらうために自己紹介をしました。実は，この自己紹介が難しいところで，毎年，緊張しますし，工夫して，違ったものにしてきたと思います。最後に，10分くらい残して，学生に「自己紹介」「コースに期待すること」，あるいは「なぜ履修したか」について，リアクション・ペーパーとして，書いてもらっていました。

　次の3回の講義は，学生たちが「指導とか，学びとか」にかかわって持っている一般的概念を砕くことをねらいとしました。学生たちが持っている指導観あるいは学習観は「ドリル学習」「反復練習」という教育方法にすぎない，という前提にたって，ここに，私は焦点をしぼって，挑戦すべきだと考えていたからです。

　誰でも，親になれば，自分の子どもを「指導」しています。学生たちも，塾や家庭教師として「指導」しています。職場でも，先輩が後輩を「指導」しています。そこにある根本的な指導モデルを「ドリル学習」「反復練習」と位置付け，そのあり方を問題にすることによって，「概念砕き」を目指していきました。ここでは，素材として，誰でも経験してきている「習字」の指導プロセスを使って，話していきます。

　「習字」での教師の役割は明確です。教師のそれは，まず，良い字の書き方を手本として示すことです。学習者である子どもたちはそれを見て，「模倣（練習）」を繰り返します。教師は，練習を繰り返させると同時に，正しい書き方をしているかをチェックし，より手本に近い書き方

第1章　学生たちは，どんな授業を「良い授業」と考えているのか

に導いていきます。すなわち，教師：「良い手本を示す」⇒学習者：「模倣を繰り返す」⇒教師：「チェックする」というサイクルの繰り返しです。この指導モデルは，すべてのスキル（技能）の指導に適用されています。典型的には，スポーツの練習に見ることができます。

　学生には，塾で教えたり，家庭教師として教えるとき，この「ドリル学習」をモデルとしていないか，と考えさせます。

　次の授業で，「ドリル学習」モデルを極限状態で用いて行う『サラリーマンは甘くない？：汗と涙の新入社員特訓』（いとう・せいこう司会，ＮＨＫ「土曜倶楽部」No.74）というビデオを見て，全員で話し合いをし，リアクション・ペーパーを書くように言いました。リアクションのテーマは，ほぼ毎年，このビデオに出て来る岡山大学の5人の学生のうち，自分はだれに近いのか，というものでした。

多様な指導法の存在に気づかせる

　この後，「ドリル学習」モデルに集約した講義に続いて，次の4回の講義で，伝統的な「一斉授業」モデルについて検討しました。その3回目の講義で，前の項で見てきたような「講義式授業」についても，取り上げ，高等学校の『世界史の授業』のビデオを見て，良い授業あるいは悪い授業について，リアクション・ペーパーを書いてもらったというわけです。

　コースの後半は，「ドリル学習」モデル，「一斉授業」モデルといった学生がよく知っている指導のあり方を越えて，日本を含んで，欧米諸国で行われている先進的な指導のあり方について，主に紹介するというものでした。モデルとしては，「自由進度学習」「適性処遇学習」「課題選択学習」「自由課題学習」などです。もちろん，これらのモデルを具体的に実践している欧米や日本の学校を例にし，ビデオなど視覚教材を使って，示してきました。

後半の導入活動として，教師が「教え」，生徒が「学ぶ」という伝統的な図式に対して，生徒が「学ぶ」ことを教師が「支援」するという新しい図式について触れることにしていました。このパラダイムの転換は若い大学生にとっても，困難なことだったと，リアクション・ペーパーを読みながら強く感じていました。
　したがって，コースの後半は，私にとって，緊張する講義でした。なぜなら「一方的ではなく，双方向的な参加型・参画型授業」を目指す授業と言いながら，実際の私の授業は一斉授業だったからです。言っていることとやっていることが一致しないからです。
　実は，やがて気づかれることと思いますが，タネあかしをしておきますと，本書も，この『教育方法』のコースの構成にしたがって書きました。

成績をつけることのむつかしさ

　前期のこの『教育方法』のコースも，後期の『教育課程』のコースも，教職科目で，全学の学生に開かれていました。教員免許を取得するのに必修科目でしたから，いつも，300人近い大人数で，勢い「講義式授業」になってしまいました。しかし，毎回，可能な限り，最後の10〜15分くらいを意図的に「質問」のために，残しておきました。
　コースの前半は，それでも，うれしいことに，数人の学生が手を上げて，質問してくれました。授業をする者として，とても，うれしいことでした。しかし，質問してくれる学生がだんだん固定してきてしまい，コースの後半は，私がランダムに指名して，質問を強要するようになってしまいました。多くの場合，指名された学生は，モジモジして，自分の意見を言わないか，あるいは，言えないのです。
　「今日の授業についての，君の感想でもいいから」と誘っても，何も言わない学生もいるのです。今日の授業が，学生にとって，大して意味

をなしていないのだと反省させられる瞬間です。教師としての倫理観が問われる，つらい瞬間でもありました。それでも，私は「がんばって」質問を強要し続けたつもりです。

　評価（成績をつけること）は，どこでも，問題ですが，特に大人数のコースでは大問題です。5回ほどのリアクション・ペーパーは，しっかり（たくさん）書いている学生以外は，評価に反映させていませんでした。反映させるとよいことはわかっていても，労力的にとてもできない相談でした。評価のために，「中間レポート」と「期末レポート」（A4判で4枚まで）の提出を義務付けました。提出期限は厳守と，シラバスに書きました。

　学生たちの評判では，このコースは「楽勝コース」であったようでした。たしかに，適当に出席して，わずか，A4判で4枚のレポートを2回書くだけで，教員免許取得に必須な2単位がいただけるというわけですから。私に言わせれば，300人近い学生のリアクション・ペーパーに目を通し，次の授業のとき，そのコメントを学生に話し，学期の途中で，中間レポートに成績をつけ，最後に，期末レポートに成績をつけることは，相当のエネルギーと時間を必要とすることでした。成績をつけるのに，1週間はかける，と決めていました。

　頭を悩ましたのは，学生がコンピュータでレポートを書くようになってから，「コピペ」の問題が生じてきたことです。正直言って，しっかり読んでいないと，「見破れない」のです。

自分で自分の学習を評価する「ほろ苦さ」を味わってもらう

　学生たちに「楽勝コース」ととられていたもう1つの理由は，毎学期ではないのですが，期末レポートの最後に「自己評価とその理由」を書かせていたことでしょうか。これは義務ではなく，自己評価したい者は，その理由をつけて，自分でA，B，Cなどつけてきていいと，最後の授

業の時に言いました。ただし，そのまま，成績になるわけではなく，最終的には，教授者である私が決める，と言っておきました。当然のことですが，成績をつけるための参考資料ということです。

　実は，このコースは「教育方法」について学ぶことが狙いで，何を材料にして，どのように成績をつけるかは「教育方法」の重要な課題なのです。このことに，学生たちが気づいてほしい，というのが自己評価を導入した理由です。出来ることなら，学習者と個別にインタビューして，「言い分を聞いて」成績をつけるべきなのです。

　私は，私の大学時代，教師たちがつけてきた成績に納得したためしは，全くありませんでした。いい加減にレポートを書いて，Aをもらったり，一生けんめい書いたのに，Cをもらったりしてきたのです。「山が当たって」，よい点が取れたり，「一生けんめい復習したのに」，よい点が取れなかったりした経験を誰でも持っているはずです。

　やがて，成績について何とも表現できない「あきらめのようなもの」を身に着けてしまうのです。怖いことですが，『教育方法』のコースはこのことにも積極的にかかわるべきだという信念から，「自己評価」という形で，ほんの少しだけ，学生に働きかけたつもりです。ほとんどの学生にとって，初めての経験であったはずです。

　このことは，私にとっても，大変なことで，学生の「高い」自己評価を受け入れるだけの理由を4，5回のリアクション・ペーパーと，2回のレポートから見つけなければならないのです。学生の「低い」自己評価にも，細心の注意をはらいました。なぜなら，いわゆる「まじめ」な学生は自分に厳しい評価を下しがちだからです。

　ある年度に，こんなことがありました。前期に『教育方法』を履修し，よく質問してくれた学生に，後期になって，大学の中の大通りで，顔を合わせました。私は「にっこり」笑顔で対応しましたが，その学生は「下を向いて」私に応えました。その学生は，いつも，大きな講堂の最

第1章　学生たちは，どんな授業を「良い授業」と考えているのか

前列に座り，毎回出席しており，明らかに「まじめ」そうな学生だったから，なおさらでした。

　邪推ではないと今でも思っていますが，この学生の「授業への参加度」に応えた成績を与えていなかったのだと，とっさに推測しました。この経験は成績の持つ意味の深さを考えさせられる機会でした。

　正直言って，今になっても，5，4，3，2，1といった数字や，A，B，C，D，E，Fといった文字で評価することのむつかしさを感じていますし，そもそも，外部に対して，履修を証明することのむつかしさを感じています。代案として，ポートフォリオ評価というあり方を提案してきましたが，これは内部に対する評価のあり方と言えましょう。（加藤幸次・安藤輝次『総合学習のためのポートフォリオ評価』黎明書房，1999年）

　私は義務教育段階での相対評価の問題について，長く批判を繰り広げてきましたが，絶対評価のむつかしさを感じさせてくれた瞬間でした。

第2章
教師と学生による双方向的な「参加型・参画型」授業を創る

　前章で，学生たちの求める「良い授業」について，その言い分を見てみました。学生たちはなにより「教師が一方的に話すだけの授業」を強く否定しています。教師と学生が相互にかかわり合う「双方向的な（interactive）授業」を望ましいと考えているのです。

　ここにこそ，学生たちを学習活動に意欲的に駆り立てる「源泉」があるに違いない，と確信しています。すなわち，学生が極めて受け身な状態におかれている授業を，学生が参加し，企画することのできる授業に変えねばならないのです。

　この章では，講義式授業を学生たちが求める「参加型・参画型」授業に作り変えるための方略と，方略に基づいて構想することのできる具体的な授業のあり方をモデル化してみたいのです。

　繰り返しますが，この他に，学生たちの言う「良い授業」とは「主張が一貫している授業」「生徒の興味に合わせた授業」「生きる手段，生活，仕事などに関連する授業」「なぜか，という問いが自然に生まれてくるような授業」「日頃の関心事や現代的な問題に結びつけられた授業」などです。さらに，「ユーモアのある人間性豊かな」教師の授業態度が望ましい」と言うのです。

　今日，大学の授業に望まれていることは，講義式授業の改革にとどまりません。さらに，学生たちを生涯にわたって主体的，自主的に学び続ける学習者に育てるために，あるいは，どんな環境においても"答えのない問題"に対して最善解を導く能力を育てるためにも，大学の授業はどうあるべきかについて根本的に考えたいのです。したがって，大きく構えたいと思います。

1　成熟期の大学にふさわしい授業のあり方を構想し，大きく構える

授業における「ヘゲモニー」を問う

　「大きく構える」とは，大学での授業改革を目指して，根本的なアプローチをとってみるということです。まず，第一に「誰が授業でヘゲモニー（hegemony）を取るべきか」，と問いたいのです。別な言い方をすると，学生たちが意欲的に授業に参加し，主体的，自主的に学習してくれる授業とはどうあるべきか，と問うことでもあります。

　前章で見たように，広辞苑によると，「講義」の第2の定義は「大学などで，教授者がその学問研究の一端を講ずること」というものです。この定義は，1810年に設立されたドイツのフンボルト大学（ベルリン大学）における考え方にさかのぼることのできるものです。日本の大学は，明治以後，今日もなお，この大学像に導かれた「教授」モデルに固執していると言ってよいでしょう。

　エリート型大学像に導かれた「教授」モデルとは次のように言われます。「教員は研究を行い，その成果を学生に示すだけでなく，研究活動を共有することにより，研究のプロセスを学生に示す。このことによって単なる知識・技能だけでなく，思考プロセスも学生に教えることができる。これが大学の教育の本質である。」（小林雅之「わが国におけるFD研究の実践と課題」上智大学『教育学論集』第5号，2005年，72p.）

学校教育法の規定する「大学の目標」を改めるべきである

　何より，学校教育法が規定する大学の目的にこのことがよく現れています。「大学は，学術の中心として，広く知識を授けるとともに，深く専門の学芸を教授研究し，知的，道徳的および応用的能力を展開させる

第2章　教師と学生による双方向的な「参加型・参画型」授業を創る

ことを目的とする。」(第83条)この目的は1947年に規定され，「はじめに」でも述べたとおり，今日なお用いられている規定です。

　寺崎昌男氏はこの目的をめぐって重要な指摘をしています。(『大学改革 その先を読む』東信堂，2007年，pp.15〜16)まず，英語表記では，「学術の中心として」は「university, as a center of learning」であったというのです。すなわち，そのまま訳せば，「学術」ではなく，「『学習』の中心として」なのです。また，「広く知識を授ける」は「broad learning」であったというのです。すなわち，「広い『学習』」なのです。寺崎氏は「知識という言葉はどこにも出てこない」と鋭く指摘します。

　一体，この英語表記と日本語表記の違いをどのように考えるべきか，改めて，今日考えさせられます。英文の起草者は，学生が「学習すること」に大学の意義を見て，規定していたのです。しかし，実際の法律になったとき，多分，意識的に伝統的な「教授」モデルに添う形に書き変えられてしまったのです。私に言わせれば，学校教育法にあるこの規定は，ベルリン大学での「教授」モデルをベースに書き変えられたものなのです。今日までなお改定されることなく，続いているものです。

　改めて，今こそ，英語表記が示したものに，学校教育法の規定を変えるべき時です。規定を変えることによって，これから述べる学生の「参加型・参画型授業」を創りだすことが可能になると，思うのです。大学での授業ですから，特に大学院の一部の授業はなおこの「教授」モデルに導かれるものもあってもよいでしょう。しかし，今日，この伝統的な「教授」モデルから離脱した新しい授業，すなわち，学生が「学習すること」を目的とした授業が創られるべきでしょう。

　ウィスコンシン大学に留学して，2年もしたころだったと記憶していますが，私の指導教官であり，デューイの研究で有名な，H．クリバード(Herbert M. Kliebard)に，「児童中心教育」について聞きたいと思い，研究室を訪ねた時のことです。クリバードは「自分は，child-centered education などという抽象的な言葉は，使いたくない。具体的に語らなければ，意味がない」と，強い口調で言われ，驚いたことがあります。先生はそんなことは忘れてしまっているに違いないのですが，私は，以来，抽象的な主義，主張は具体的なプランを伴わなければならない，と考えるようになりました。

伝統的な「講義式」授業を非難することは容易です。前章で見てきたように，学生にもできることです。しかし，具体的なプランを提示しなければ，意味がないとすると，ことは容易ではありません。

誰が授業のヘゲモニーを握るべきか

ヘゲモニー（hegemony）という言葉は政治活動の分野で使われ，覇権という意味もありますが，ここでは，主導権という程度の意味に解しておきたいと思います。イニシャティブ（initiative）としておいた方が穏便かもしれません。たしかに，誰が主導権を持ち，どのように主導権を行使するかによって，物事は大きく変わってきます。選挙で誰を選ぶかは，主導権を行使する人を選ぶ行為です。ヘゲモニーという言葉は，留学中，M. アップル（Mike Apple）の授業は取ったことはありませんが，彼との会話の中で，学びとったのではないか，と思います。

なぜ，ヘゲモニーという概念をベースに授業改革を考えるのか，ということですが，まず，一つは，人間は「原因感覚」を自覚するとき，もっとも意欲的であり，主体性，自主性を発揮する存在だからです。「原因感覚」とは，「自分が動かなければ，何も動かない」，すなわち，「自分こそが物事を動かしている主体なのだ」と感じる主導権の行使にかかわる感覚です。したがって，自分自身が意欲的に取り組まない限り，何も手に入らない，何も起こらない，ということを自覚する感覚です。ヘゲモニー，すなわち，主導権を持つ人あるいは指導的立場にある人は自らの内に，この「原因感覚」を意識している人です。

第 2 章　教師と学生による双方向的な「参加型・参画型」授業を創る

　逆に，ヘゲモニーが発揮できないとき，人間は，容易には，「原因感覚」を自覚することができないのです。そこには，主体的な，能動的な能力は育ちません。「やらされる」「やらされている」と感じている状況の中では，受動的な態度しか取れないのが人間です。強い表現ですが，ムチに打たれてしか動かない奴隷に成り下がってしまっている状況です。ヘゲモニーと積極的に物事にかかわろうとする態度の育成とは不可分な関係にあるのです。

　当然，原因感覚を持つ人間は，「方向性」について，敏感にならざるを得ないのです。自分が動かしていく方向は課題解決に向かう方向なのか，事実を総合し，推論を働かせて，慎重に吟味していくはずです。「自分は今どこにいて，どこに向かって進んでいくべきか」常に反省しながらことを進めなければなりません。

　次に，もう一つは，後に，第 4 章で詳しく述べますが，ヘゲモニーを持つ人は，「方向性」と緊密にかかわって，活動の全体に対して，「メタ認知（meta-cognition）」を常に働かせ，常に，反省的思考を働かせ，行動にフィードバックをかけ，修正する人間だからです。言いかえると，活動に対して責任を自覚する人間を育てることができると考えたからです。

　ヘゲモニーという概念を使って大学での授業改革に取り組んでみると，新しい枠組みが出来上がってきます。繰り返しますが，この本での最大の関心は，学生が意欲的に主体的に，創造的に参加することができる「双方向的な授業」を創りだすことです。

　前もって，結論を言っておけば，講義では，教師自身が主体的に創造的に授業に挑戦し，学生にヘゲモニーを発揮して見せてほしいです。演習（ゼミ）は，学生たちがヘゲモニーを発揮し，教師がそれを支援することができるように仕組みたいのです。

教育内容と教育方法をめぐって，ヘゲモニーを考える

　授業ですから，そこには，教え，学ぶ「教育内容」があります。知識や技能と言ってもよいと思います。同時に，教え，学ぶ「教育方法」があります。教え方や学習の仕方と言ってよいでしょう。この内容と方法をめぐって，教師と学生のどちらがヘゲモニーを持つべきかという観点から，基本的な枠組みを作っていきます。

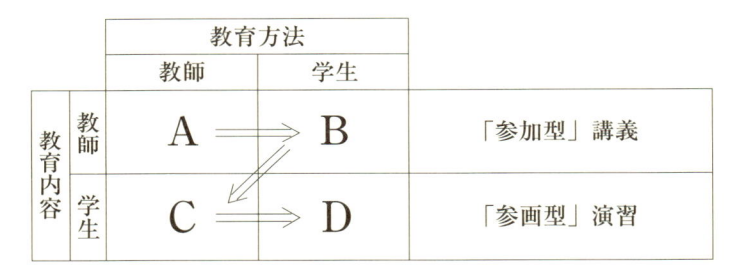

	教育方法			
		教師	学生	
教育内容	教師	A	B	「参加型」講義
	学生	C	D	「参画型」演習

図1　教育内容と方法のマトリックス

　マトリックスのAの領域は，教師が教える「教育内容」も，その教え方，すなわち，「教育方法」も握っている領域です。伝統的な講義式授業はここに位置付きます。

　教師は授業に先立って，何を教えるべきかを決め，さらに，どのように教えるべきかを計画します。当然すぎるほど当然で，今日まで，教師は主に講義内容について講義ノートを作ってきました。同時に，どんな教材を用いて教えるのか，また，どのトピックにどれだけ時間をかけて教えるのか，計画してもきました。もちろん，講義ノートを作るとき，対象とする学生のことを考えながら書くことは言うまでもありません。配慮することは，学生の理解度でしょう。具体的には，何年の学生，あるいは，どの学科の学生を対象としているか，ということに気を配って，講義ノートを作ってきたはずです。

　マトリックスのBの領域は，教師が教えるべき「内容」についてイニ

第2章　教師と学生による双方向的な「参加型・参画型」授業を創る

シャティブを持っているのですが，教えるべき「方法」については，対象とする学生の言い分を聞くことにしている領域です。上に述べたように，学生の理解度，すなわち，対象とする学生の能力や適性に配慮し，教え方を工夫することが，この領域に入るのです。

　また，学生たちが学びに用いる方法，手段や時間について，学生の選択を認めるということもこの領域に入ってきます。たとえば，学生が，自分のペースで，自分で必要と思う情報を探してきて，学習課題を追究することが認められるということです。当然，追究の結果のまとめ方も学生が考えます。教師は，いろいろな仕方で，学生に「合わせている」はずです。

　「参加」とは，教師が学習課題の追究の仕方について学生のことを配慮することや，今時ですので，学生が学習課題の追究の仕方について，自分なりに工夫することと，とらえたいのです。したがって，「参加型授業」という言葉はマトリックスのAとBの領域に対して使います。

　マトリックスのCの領域は，教えるべき，あるいは，学ぶべき「内容」について，学生の意思や希望が入り込んでくるところです。具体的には，学生が学習課題を選択したり，決めたりして，自分たちが学習したいことを学習するという授業が考えられます。もちろん，教師に相談したり，教師からの示唆を受けたりすることは言うまでもありません。

　マトリックスのDの領域は，学ぶべき「内容」について，また，「方法」についても，学生がイニシャティブを取って決めてかかる領域です。

　「参画」とは，学習する課題について，また，学習の仕方について，学生の意思や希望が最大限入り込んでくる状態を意味します。したがって，「参画型授業」という言葉はマトリックスのCとDの領域に対して使います。

2 新しい授業づくりのための方略

カテゴリーAからDへと，Z字型に移動させる

　学生たちは教師による一方的な講義式授業には強く抵抗しています。第1章で見てきたように，249人中228人と，圧倒的多数の学生が一方的な講義式授業を「悪い授業」と言い，「興味をそそらず」「すぐ眠くなる」と言っているのです。

　したがって，講義式授業を「良い授業」に作り替える基本的な方略は，従来からの講義式授業に基軸を置きながらも，徐々に，学生たちが学習活動についてヘゲモニーを取ることができる方向に授業を移動させていく，というものになります。

　すなわち，マトリックスのAの領域（カテゴリーAとします）からマトリックスのDの領域（カテゴリーDとします）へと，Z字型に移動させる方略をとりたいのです。まず，カテゴリーAからカテゴリーBへ，次に，カテゴリーBからカテゴリーCへ，そして，カテゴリーCからカテゴリーDへと，Z字を描くように，動かしながら，講義式授業を変形し，変革し，学生たちに開放していきます。

　言いかえると，マトリックスAの領域（カテゴリーA）に位置する従来からの講義式授業は教師が教育内容も，方法もコントロールしてしまっていて，学生たちが参加したり，企画したりする余地が極めて限られているからです。

　カテゴリーAからカテゴリーDの領域へ移動するということは，教育方法とともに教育内容に関して，教師のヘゲモニーが減少し，学生のヘゲモニーが増加することを意味します。

　思い出しますが，かつて，批判教育学を提唱したP.フレイレ（Paulo Freire）は，新しい識字教育の確立に際して，「コミュニケ（声明）」型

第2章　教師と学生による双方向的な「参加型・参画型」授業を創る

教育から「コミュニケーション（交流）」型教育への転換の必要性を説きました。カテゴリーAとカテゴリーBでは，「コミュニケ」型教育の改善を目指し，カテゴリーCとカテゴリーDでは，「コミュニケーション」型教育の確立を志向しよう，と考えているのです。（P. フレイレ，小沢有作他訳『被抑圧者の教育学』亜紀書房，1979年）

教育方法の上で，教師がヘゲモニーを発揮する

　AからBへ，BからCへ，CからDへ，Z字を描くように，カテゴリーを移動させ，開放していくことが新しい授業を創るための基本的な方略であると言いました。まず，カテゴリーAとB，すなわち，「参加型」講義の領域で，カテゴリーAからカテゴリーBに動かしていく方略を考えてみます。

　繰り返しますが，この領域では，教師が「教育内容」をコントロールしています。すなわち，何について教えるかについて教師が決定権を握っている領域です。今日まで，当然のこととして，教師は講義の内容を決めてきました。このことに疑いをはさむことはありえないことでした。

　高等学校までは文部科学省が学習指導要領で教えるべき内容を明示してきます。それは検定済み教科書という形で教師と生徒たちの前に提供され，教師は「教科書を教える」のです。

　それに対して，大学には，学習指導要領も，教科書も，ありません。大学の教師は自ら教育内容を決めることが認められてきたのです。付け加えておけば，大学の教師には教員免許がないのです。原則，誰でも，大学の教師になれるということです。

　言うまでもないことですが，教師は自分が教えようとする学生たちの実態，すなわち，能力や適性を考慮して教えるべきです。

　第1章で取り上げた学生たちの言い分の中に，数は多くありませんでしたが，「悪い授業」として，「一貫性のない授業」に加えて，「何を言

っているのかはっきりしない授業」というのがありました。
　私は，学生たちの授業評価で，「先生の話はあちこちに飛びすぎる」と言われることが時々ありました。「字が汚くて読めない」はよいとしても，これには困惑しました。
　次の学期の授業の最初に，次のように言うことに決めていました。「先学期の授業評価で，何人かの学生が『先生の話はあちこちに飛びすぎる』というものがあったが，いいか，私が支離滅裂に話をするわけはないだろう。私は私なりの文脈の中で，あちこち話がいくので，大学生になったら，そこを読み取ってほしいのだ」と，なかば本気で言っていたものです。私の授業が一部の学生たちの実態とずれていたのでしょうか。
　本筋にかえって，カテゴリーAとBにおける「教育方法」上のヘゲモニーは教師によって発揮されるものです。教師は自分が決めた教育内容を学生たちに理解してほしいと願って，教え方を工夫すべきであるといってもよいのです。一般的な言い方で言うと，学生たちの「能力や適性」を考慮して教えるべきでしょう。
　学生たちの能力や適性を考慮するということは，カテゴリーAとBの「講義」の場合，学生たちの反応を見ながら，話をすることが基本的なことでしょう。
　たとえ，OHPやパワーポイントを用いるとしても，口頭での話を中心とした講義では，教師は無意識的に，話すペースを落としたり，重要な点は繰り返して話したりするものです。学生たちの顔を見て話す必要があるのは学生たちの反応を察知するために大切なことです。
　また，理解度を高めるために，事後に質問に応じたり，あるいは，事前に資料を渡して読んでこさせたりすることも重要です。
　講義で視聴覚教材を活用したり，小グループで話し合わせたりすることは，学生たちの適性を処遇し，理解度を高めることにつながります。もし対話することができれば，理解度はさらに高いものになるでしょう。

実は，近年，教室で講義するという伝統的な授業のあり方が崩れつつありますので，「適性」ということについて1つ付け加えておきたいことがあります。それは「学習ペース」あるいは「学習時間」のことです。
　典型的には，アサインメント（assignment，予習，課題）は授業中に行うものでなく，授業の前に，あるいは，授業の後で，自宅や空き時間に行う学習活動です。そこでは，学生は自分のペースで学習しているはずです。また，好きなだけ学習時間を取って学習します。すなわち，教室という空間で学生たちに向かって一斉に講義をするときには，学習のペースも，学習にかける時間も，全員に対して同じです。いわゆる一斉授業です。
　しかし，アサインメントという形で学習活動をこの枠組みから解き放してみると，学生たちは自分に合う「学習ペース」で対応できるということです。この点，意識的に認識しておきたいのです。

次元をジャンプすることを自覚する
　カテゴリーA・BとカテゴリーC・Dとは，次元が全く違います。まず，このことをよく意識しておきたいのです。繰り返しますが，上に述べたように，従来から教師が教育内容をコントロールしてきています。学習方法をめぐって学生の実態，すなわち，学生の能力や適性を考慮することは多々行われてきました。しかし，学生が教育内容をコントロールすることは認められてきてはいないのです。カテゴリーCとDは全く新しい領域と言って過言ではないのです。
　前者は今日までの講義式授業の範疇に収まる領域です。しかし，後者は講義式授業の範疇に収まらない領域です。なぜなら，従来，教師は学生に教育内容すなわち学ぶ内容について任せてはこなかったからです。学生たちが教育内容の上でヘゲモニーをとるということは考えられなかったことです。したがって，従来からの大学教育の質を根本的に変化さ

せることにつながります。

教育内容の上で，学生がヘゲモニーを発揮するとは

　もちろん，コースが目指す枠の中で，一定の選択を許すということは，ときに，一部の教師によって考えられてきたところでしょう。しかし，そうした教師も，コースが目指す枠の中とは言え，学生たちが自分たちで学ぶ事柄を決めることを許すことはしてこなかったはずです。それは，学生と共に，コースが目指す枠そのものを吟味し直すことを許すことにつながりかねないからです。

　高度情報化社会を迎え，PC（パーソナル・コンピューター）やタブレット端末が一般化し，今や，情報検索がきわめて容易になってきている状況です。学生たちが自分たちで学ぶ事柄を決めて学習することを許す学習環境が整いつつあるのです。教師が内容をコントロールする講義式授業に，特に，日本では，授業改革の目が注がれてきていますが，そろそろ，学生が内容をコントロールする領域に踏み込んでいくべき時代です。私は，演習（ゼミ）をこの方向に再構成していきたいと考えています。

　次の「授業モデル」づくりの項で述べますが，今日注目されてきているアメリカで人気の「反転授業」とか，「白熱教室」に注目が集まりますが，これらの新しい授業の試みは，なお，カテゴリーAとBの領域にとどまっている授業にすぎません。すなわち，教師がヘゲモニーを教育内容において発揮している講義式授業です。したがって，日本ではわかりやすく，人気を博している授業にすぎないのです。その証拠に，「授業」とか，「教室」とか言った呼び方がされているのです。

　高度情報化社会の到来ということに加えて，もう1つ考えなければならないことがあります。それは，近年作られてきている学部，学科が従来からの伝統的の学問領域にしたがって作られているのではなく，学際

的な，あるいは，総合的な新しい学問領域に即して作られてきているということです。

文部科学省の調査では，今日，学部の名称は400近くに及び，学科の名称はさらに多いということです。近年開設される学部の名称は，伝統的な学問領域に属するものはまれで，国際学部，情報学部，人間科学学部，総合科学部など総合的な性格の学部名に変化してきています。さらに，カタカナを含んだ学部の名称も珍しくありません。たとえば，リベラルアート学部，ビジネスマネジメント学部，ヒューマンケア学部，情報コミュニケーション学部，異文化コミュニケーション学部，コミュニティ福祉学部，グローバル教養学部，現代ライフ学部，21世紀アジア学部などです。

教育活動のICT化をめぐって，「オールドメディア」と「ニューメディア」という言い方をされます。前者はテレビやOHPなどに代表される提示のためのツールでしたが，後者は情報検索，情報集積，交流のためのツールです。

同じように，学問領域についても，「オールド学問領域」と「ニュー学問領域」に区別できそうです。前者は歴史，哲学，文学，物理，生物などといった伝統的な学問領域で，現実の社会が当面している諸課題の解決には役立たない領域かもしれません。後者は，人間が発達させてきた学問や科学を活用して，現実の社会が当面している諸課題の解決に役立つことを目指す領域といえるかもしれません。

こうしたメディアの進展や新しい総合的学問領域への関心は，学生たちが教育内容の上でヘゲモニーを発揮する機会を増やしていく動因となると考えます。

詳しくは，第4章で述べますが，「学習課題」づくりが最大のポイントであり，ウェビング（webbing）という手法による「課題づくり」は，学生たちが教育内容の上でヘゲモニーを発揮することを可能にします。

「参加型」講義と「参画型」演習を意識して，区別する

　再び，図1の教育内容と教育方法に関するマトリックスに目をやってください。繰り返しますが，カテゴリーAとBの領域を学生「参加型」講義と名付けておきたいと思います。カテゴリーAの領域では，教える教師の側が教える内容も，教える方法もコントロールしているのですが，カテゴリーBの領域では方法だけは学生に合わせて工夫したり，あるいは，学生が学び方を選択できるように配慮されているのです。

　それに対して，学生「参画型」演習は，カテゴリーCとDの領域に対応していて，教えるべき，あるいは，学ぶべき「内容」について，学生の意思や希望が入り込んでくる授業のあり方を意味します。さらに進んで，学ぶべき内容についても，学ぶ方法についても，学生の意思や希望で決められる領域です。参画とは計画の立案に加わることですので，単なる参加とは意味するところが違っているはずです。

　このように大学での授業を「参加型」講義と「参画型」演習と峻別しておきたいのです。

　あえて，前者を「講義」，後者を「演習」と名付けたのですが，理由の1つは次のことです。日本の大学では，大学設置基準（第25条）に従って，授業は講義，演習，実習，実験・実技に分けて考えられてきています。もっとも，この条項には「又はこれらの併用により行う」こともできるとあるのですが，現実には，分けて考えられてきています。教師も学生も，ごく日常的に，講義と演習（ゼミ）などと使い分けています。

　前者は主に1，2年生が履修する全学共通科目（教養科目，語学，保健体育）や専門基礎科目で，大きな規模のクラスの授業を意味し，後者は主に3，4年生や大学院生が履修する専門科目で，小規模なクラスの授業を意味します。ここでもこの区分を考慮し，「参加型」講義と「参画型」演習とはっきり分けて考えておきます。

　最後の第8章で詳しく述べる予定ですが，今日のアメリカの大学では，

第2章　教師と学生による双方向的な「参加型・参画型」授業を創る

講義と演習という区分はほとんどありません。すなわち，講義の中に演習，たとえば，学生による発表と質疑，学生同士の話し合い活動や作業活動，が入り込んでいます。もちろん，従来からの講義もありますが，通常，質疑が行われます。

3　5つの「参加型」講義モデルを創る

(1)　「講義＋質疑」モデル

繰り返しますが，学生たちは「良い授業」なら，講義を認めているのです。すなわち，講義をすべて否定しているわけではないのです。大切な点ですので，再度繰り返しますが，「良い授業」とは次のようなものです。

① 何かが触発されるようなものがある授業。　　　　　　　　　　　　　　　　　　　　　　　　　　
② 自分なりに考えるきっかけをくれる授業。　　　　　　　　　　　　　　　　　　　　　　　　　　　　参加型
③ 良い質問ができるように工夫されている授業。
④ なぜか，という問いが自然に生まれてくるような授業。
⑤ 生きる手段，生活，仕事などに関連する授業。　　　　　　　　　　　　　　　　　　　　　　　　　　参画型
⑥ 日常の生活，日頃の関心事や現代的な問題に結び付けられている授業。

前の4つは，授業が学生たちに働きかけてくる「教育方法」にかかわっていて，主に，図1のカテゴリーAとBに属し，上の分類で言えば，「参加型」講義にかかわって取り扱うべき事柄です。

それに対して，後の2つは，授業で取り扱う「教育内容」にかかわっていて，主に，カテゴリーCとDに属し，上の分類で言えば，「参画型」演習にかかわる取り扱うべき事柄です。

もう1つ学生たちが良い授業であるというものに「主張が一貫している授業」ということがあります。講義に教師の主張がよく反映されてい

47

る授業でしょう。現時点で学問的に，科学的に正しいと考えられる知識や情報の紹介は大切でしょうが，そこに，学問や人生に対する教師自身の考え方や見方が反映されていなければ，大学の授業としては，不満が残るでしょう。すなわち，知識に対する教師自身の主体性や創造性が講義で感じ取れなければ，よい授業とは言えないということです。と言っても，第1章で見たように，「イデオロギーの押しつけ」のような授業を学生は望んでいないのです。

　一方的ではなく双方向的な授業，すなわち，「参加型」講義の第1のモデルは「講義＋質疑」講義です。上に述べたような学生の言い分を満たしている講義なら，学生たちは「良い授業」と言っているのです。したがって，まず，教師がやらねばならないことは，講義の内容をコントロールしつつも，学生の言い分を聞き入れることです。そうした講義ノートを作成することです。そこに，学生との「質疑」を加えることが，まず，望まれることです。

　途中で，質問を受け入れることはとても勇気が必要です。なぜなら，その時間に狙った事柄が達成できない恐れがあるからです。「いつでも，質問していいから」という教師の発言はリップサービスのように思います。授業の最後に質疑の時間を取る方が賢明かもしれません。

　しかし，このことすら，実に難しいことは第1章で述べたとおりです。私は前期の『教育方法』の授業でも，後期の『教育課程学』の授業でも，ほぼ毎回，質問の時間を取ってきました。しかし，それですら，全学に開かれている大きなクラスでは，難しいものでした。いつも，質問が出るかどうか，心配しつつ授業をしてきたと思います。

⑵　「アサインメント（予習，課題）＋講義」モデル（例：「反転授業」）
　自然科学の分野には，その分野の基礎的知識を取り扱った，標準的，基礎的な「教科書」があります。社会科学や人文科学の分野でも，徐々

に，標準的，基礎的な「教科書」が出てきています。残念なことに，日本では，入門書のような教科書を書いても，それこそ，いっぱしの研究業績としてカウントされないので，教科書作りは，一段低く見られてきています。

事実，大学が認証評価機構に提出する「教員個人調書」の形式を見ると，作成した教科書は「研究業績」ではなく，「教育上の能力に関する事項」に書き入れることになっています。日本には，アメリカのように，大学の授業にふさわしい教科書の作成に従事する研究者がいないのです。したがって，良い教科書がすくないのです。

しかし，特に，学科の専門基礎教育と考えられる授業では，できることなら，標準的，基礎的な教科書を用いて，学問領域の基礎的な知識や技能と共に，そこに存在する学問的課題について教えたいし，学ばせたいと考えます。そのとき，標準的，基礎的な教科書を章ごとにしっかり読んでくることをアサインメントとして課し，授業はアサインメントをベースに位置付けることが重要になってくるはずです。

まず，アサインメントという準備活動があって，そのあとで，講義がなされるというのが一般的です。注意しておきたいことは，日本では，アサインメントという言葉が「宿題」と考えられてきていて，講義の後で，講義をまとめる学習活動であることが多いのです。

今日日本で注目されている，スタンフォード大学医学部教授であるC. プローバー（Charles G. Prober）の「反転授業（Flipped Classroom）」ですが，このモデルに属すると言えます。「反転」させるのですから，講義を先にして，宿題を課すのではなく，逆の順序にした授業です。具体的には次のような授業です。

「講義の内容を10分から15分の映像にまとめて自宅や講義の空き時間に視聴できるようにし，授業では患者の臨床事例や生理学的知識の応用を中心とした対話型の活動をするというもの」だそうです。

アサインメントとは，文系学部，学科では，「自宅や講義の空き時間」に，決められた教科書の章や節を読んで，まとめてくる作業ですが，「講義の内容を10分から15分の映像にまとめたもの」を教科書の章や節とすれば，この授業モデルで「反転授業」ができるはずです。また，よくやられてきている授業のあり方です。授業では，教科書の章や節で述べられていることに関する具体的な事例や応用された事例を中心に対話を計画することになります。スキルの定着を目指す実習に適した授業ではないでしょうか。

　実は，この反転授業は2000年に，私が学んだウィスコンシン大学ではコンピュータ科学の授業で，また，マイアミ大学では経済学の授業で実施されたものです。それまで講義をして「復習」としてアサインメントが出されていたのでしょう。アサインメントを講義に先立って「予習」として課し，講義はアサインメントを受けて，行うという形に「フリップ・オーバー（ひっくり返す）」すれば，この授業になるというものです。こうすれば，アサインメントが学習への動機づけになり，D. オースベル（David Ausubel）の言う「先行オーガナイザー（advance organizer）」になるという訳です。さらに，講義について「メタ認知」を形成することにもなるという訳です。

　さらに，教科書を読んでアサインメントを行うというのではなく，映像を見て行えば，ここで言う反転授業になるといったものです。PCやタブレット端末が発達した今日では，いつでもどこでも，何回でも，簡単に映像に接することができるようになってきています。

(3)　「視聴覚教材＋講義」モデル（例「ジャスパー型課題づくり」授業）
　まさに，百聞は一見にしかずで，視聴覚教材はなお有力な教育的媒体です。特に，100人を越える多人数の授業では，極めて効果的です。見るという間接的経験ですが，多数の学生が同時に同じビデオやDVDを

第 2 章　教師と学生による双方向的な「参加型・参画型」授業を創る

鑑賞し，考えることは，有意義です。

　第 1 章で述べたように，私は，300 人近い学生が履修する『教育方法』の授業では，大いに，ビデオを活用してきました。毎年必ず，『サラリーマンは甘くない？：汗と涙の新入社員特訓』（いとう・せいこう司会，ＮＨＫ「土曜倶楽部」№74）を見せ，リアクション・ペーパーを書かせました。その次の授業でのディスカッションは必ずしもうまくいきませんでしたが，できるかぎり質疑を行ってきました。

　また，『教育課程学』の授業では，『教科書はこうして作られた（前編）：密室の編纂』（NHK，1982年 4 月12日放送）や『ちびまる子の運動会』（1990年12月15日）を見せ，やはり，リアクション・ペーパーを書かせます。次の授業で，全員でディスカッションをしてきました。

　これらのビデオ番組は，ことのほか，優れた教材で，具体的に，講義の質を高めてくれるものです。

　私の行ってきたこうした授業はこのモデルの延長上にあるものです。すなわち，「アサインメント」として授業時間の外に，予習の時間をセットしたのではなく，授業時間の中に「アサインメント」を位置付けている形です。アサインメントは必ずしも全員の学生がやってくるとは言えず，そのうえ，学習の程度がまちまちです。全員で，できればしっかりアサインメントをして，講義を行いたいというものなのです。

　ただし，反転授業のように，アサインメントを映像化して PC やタブレット端末に流しておけば，学生たちはいつでも，何度でも見て，多面的な情報を収集することができるというものです。この「視聴覚教材」活用講義では，原則として，1 回だけの視聴になることが多いので，学生の情報収集が必ずしも深いところでなされない可能性があります。

⑷　「グループ学習＋講義」モデル

　教師が行う講義に，学生たちによる小グループでの「話し合い」「デ

ィベート」「作業」を介在させる授業のあり方です。学生数30人くらいまでの授業が最適です。まず，教師が一定時間講義をし，それを受けて，学生たちが話し合いやディベートを行い，お互いの理解を確かめ合ったり，疑問を出し合ったりして，講義を深める授業です。その逆の順序でもよいのです。また，図表やデータを作り出す作業をして，講義の内容を深める授業です。学生数が30を超える場合は，TAを「小グループ学習」の場面に配置するとよいでしょう。

　小中学校では，授業が学級という固定した集団を対象に，しかも，固定した座席にすわっている生徒たちを対象に行われます。したがって，「小グループ学習」を行うことは容易です。しかし，大学では，グループ編成をしっかりしないと，難しいのです。なにより，通常，受講する学生数が小中学校より多く，その上，毎回，学生が座席を変えるかもしれないということです。また，とくに選択科目の授業では，学生たちがお互いに知り合っていないことが多いのです。したがって，前もって，グループ編成をし，お互いに紹介し合い，できることなら座席を固定しないと，小グループ学習はできません。

　こうした手続き上の煩わしさがあってか，知られているほど一般化されていないと思います。

　他方，「小グループ学習」を十分成果が上がるものとするためには，小グループ学習のねらい，用いる学習材，場所などをしっかり確保されていなければなりません。第5章で詳しく述べるつもりですが，講義室のほかに，学部・学科ごとに「学部・学科学習センター」があると，「小グループ学習」を取り込んだ講義はやりやすくなるはずです。

(5) 「ダイアローグ型講義」モデル（例：白熱教室）

　「白熱教室」は，ハーバード大学教授，M.サンデル（Michael Sandel）が政治哲学で行った授業に対してつけられた名称です。特に日本で盛ん

に放映され，有名になった授業のあり方です。講義というより，価値が葛藤する1つの倫理的課題をめぐって，教師と学生が議論を交わすダイアローグ（対話）型講義です。

　まず，教師が，倫理的に価値葛藤が生ずる具体的な状況を学生たちに語りかけ，学生たちの意見や考えを募ります。その際「なぜ，そう考えるのか」と問うことによって，論拠を示すように促すのです。

　倫理的に価値葛藤が生ずる具体的な状況を変化させながら，学生たちの意見や考えを募ることによって，議論を広げて行く授業の方法です。

　価値が葛藤している状況なので，学生の意見や考えが対立します。対立点をその論拠をベースにして整理することによって，そこに横たわる本質的な原理に迫るという授業です。

　教師はあるトピックについて講義するのではなく，学生たちの対話を活用して学習課題に対する学生たちの意見や考えを整理し，本質的な原理に導いていく授業です。

　対話では，学生たちに自分たちの意見を十分発表させ，異なった意見を対立的に浮かび上がらせ，それらの意見の背後にある原理を教師が巧みに整理していくプロセスが重要になります。教師の学生たちの意見にたいする敏感なセンスが要求される授業です。このプロセスの中で批判的な思考力を育てようというのです。

　いわゆるディベート（討論）授業に似ていますが，基本的な違いがあります。ディベートは価値が葛藤するあるテーマについて，賛成派と反対派に分かれて討論を展開する授業で，学生たちが検討する人物で，教師はどちらのグループにも属さず，グループ間の検討を「見守る」という立場に立ちます。グループ間の検討を促進するのは，どちらのグループにも属さない，討論の進行役を務める学生たちの役割です。

　ディベートの結果として，勝ち負けが決められますので，必ずしも原理的に正しいと考えられる議論を展開したグループが討論に勝つとは限

らないのです。いわゆる「詭弁を弄する」グループが勝つことが生じますが，ディベート授業では，そのこと自体が学ばれるべき事柄であるととらえられているのです。（加藤幸次『価値観形成を目指す社会科授業』黎明書房，1982年）

　「白熱教室」に見られるような「ダイアローグ型講義」は教師中心ですすめられる従来からの講義式授業を変形させたものにすぎないと言えそうです。すなわち，従来からの講義式授業は教師が，口頭で，その授業が目指すねらいに向かって語り続けるのですが，ダイアローグ型講義では，学生たちが参加する対話という手段を活用して，その授業が目指すねらいを達成させるのです。

　学生たちが対話に参加するのですが，対話の対象としての学習課題と対話を導くプロセスは，事前に教師によって計画されているのです。もちろん，事前に計画されたプロセスにそぐわない形で対話が進行する可能性を否定することはできないのですが，教師はそうならないだけの対話に対する技能を身に着けている必要があるということです。

　日本では，「白熱教室」に注目が集まるのですが，ダイアローグ型講義を実践するには条件整備が大いに必要です。最大の問題は，教師はもちろんのことですが，学生たちが「意見を言わない」という教育的風土です。とても難しい問題です。

　第1章の2でも述べたように，質問することですら学生たちは躊躇するのです。大きく言えば，日光の東照宮でみる猿のように「見ざる，聞かざる，言わざる」という封建遺制的な態度ですし，「物言えば唇寒し秋の風」「口は災いの元」とうたわれる土着的風土の問題です。

　学校教育の世界で言えば，小学校から始まる授業のプロセスで，単に質問するということですら歓迎されない行為であり，まして，コメントや異議を唱えることは授業を妨害する行為ととられかねないのです。

　したがって，なにより，「物言える」雰囲気の醸成が必要不可欠な要

素になります。このことは教師の授業中の「率直さ」や教師が醸し出す「雰囲気」に大きく左右されるところです。

4　5つの「参画型」演習モデルを創る

⑹　「マイペース型演習」モデル（例：「e‐ラーニング」）

　教師による講義式授業は，専門基礎教育科目や専門教育科目で多く行われており，それぞれの学問領域における基礎的，体系的な知識を伝達することを目指しています。この講義式授業は，教師が口頭で，今日ではパワーポイントを用いて，基礎的な概念や技能を説明していく「概念習得学習」と言ってもよいものです。

　もちろん，専門科目によっては，その途中で小グループによる話し合い活動や作業を交えながら，概念や技能の習得を目指し指導していく授業もあります。しかし，ここでは，学生の学習活動は教師によって完全にコントロールされています。すなわち，教師が授業を計画し，講義ノートにしたがって，教師が適切であると判断したペースで授業を進めていきます。学校教育の段階では，一斉授業という言い方がされますが，この「一斉」ということは授業で取り扱う内容が全員に対して同じであるということと，取り扱う内容を説明していくペースが同じであることを意味します。すなわち，教育内容とともに教育方法も，学級全員に対して同じというわけです。

　「マイペース型」という表現は，自分に合ったペースで学習していくことを意味し，「自学自習」を原則とする学習活動です。したがって，本来，カテゴリーAとBの領域で考慮すべきことです。しかし，授業の全体を，すなわち，授業の初めから終わりまで学習活動を学生たちのペースにゆだねるという授業はカテゴリーCとDの領域で取り扱いたいのです。

実は，今日一般化してきている「e-ラーニング」は，モデルとしては，従来からの講義式授業に従って創りだされた「自学自習学習」です。教師が口頭で，今日ではパワーポイントを用いて，基礎的な概念や技能を説明していく講義式授業を，コンピュータを介して，学習者に配信していると言ってもよいのです。ただし，受け取る学習者の立場から言えば，自動的に「マイペース型演習」になるのです。すなわち，講義室ではなく，どこでも，また，教師が割り当てた学習ペースではなく，いつでも，自分のペースで学習できるというものです。しかも，何度も繰り返して，どの場面でも繰り返し見ることができるのです。一回性という特色を持つ大学での講義式授業とは，大きな違いです。これが「e-ラーニング」の持つ最大の特色です。

　しかし，「e-ラーニング」というあり方は，学習者の自主性，主体性を信頼した学習システムで，学習意欲に欠ける学習者には向かないものです。そのために，「e-ラーニング」への信頼感は高くないのが現状です。

　しかし，大学で行う演習ですので，自学自習する学習とはいえ，学習のプロセスで教師が助言を与えたり，「フェイス・ツー・フェイス」すなわち，顔と顔を見合わせて，個別指導を行ったりすることが可能です。もちろん「e-ラーニング」でも，学習活動のプロセスで，理解度に応じて，教師が介入することはシステムの中に組み入れられているのですが，「フェイス・ツー・フェイス」すなわち顔と顔を見合わせた状況になりにくいのが欠点かもしれません。

　「参画型」演習と名付けた授業は，授業でのヘゲモニーが学生に移って行きます。したがって，講義というのではなく，「演習」と名付けておきたいのです。繰り返しますが，学校教育法によると，大学の授業の形態には，講義，演習，実験・実習があります。「参画型」は演習，実験・実習に対応する授業と考えておきたいのです。「演習」は本来，学

第2章　教師と学生による双方向的な「参加型・参画型」授業を創る

生の学習活動が中心であるべきであり，現実の演習のように，教師主導というあり方は，むしろ，おかしなことです。

また，大学での「マイペース型演習」では，時折，小グループやクラス全員が集まって，進捗状況について報告したり，問題になっている点について話し合ったり，お互いに学び合う機会を設けることができることは言うまでもありません。さらに，教師は授業時間やオフィスアワーで個別に学習支援ができます。また，メールでの支援も可能にしておくと，より効果的です。

(7)　「課題選択型演習」モデル（例：テーマ学習，サービス・ラーニング）
　何事につけ，「選択できる」という自由度の高い状況の中で，人は積極的，かつ，意欲的になるものです。人は容易に「原因感覚」を感じ，「メタ認知」を意識することができるものです。まず，方法上の，すなわち，手段の選択が考えられやすいのですが，内容上の，すなわち，目的の選択はもっとも挑戦的な試みです。

　平たく言えば，人は「やりたいことがやりたいようにできる」時，もっとも，積極的，かつ，意欲的になるというものです。もちろん，自由度の高い状況は逆に人を圧迫するかもしれません。自由ほど難しいものはないかもしれません。したがって，ステップを踏んで，自由度を高めていくべきでしょう。

　この演習では，教師が学生たちに学習課題を複数提示し，学生たちはその中から1つあるいはいくつかの学習課題を選んで学習していく演習です。1つのコースには，複数の学習課題が考えられます。学生は一人で，あるいは，小グループで1つあるいは複数の課題を選び，課題の解決を目指して探究していく演習です。

　一般的には，従来の授業では，複数の学習課題を1つひとつ順番に講義していきます。しかし，この「課題選択型演習」では，教師は，最初，

2つ，3つのテーマを提示し，学生は一人であるいは小グループで1つのテーマを選択し，探究していきます。「テーマ学習」あるいは「サービス・ラーニング（service learning）」型演習と呼んでもいいかもしれません。

この演習でも，時折，小グループやクラス全員が集まって，意見や情報の交換をしたり，進捗状況について報告したり，問題になっている点について話し合ったり，お互いに学び合う機会を設けることは言うまでもありません。コースの最後には，全員による発表会を開き，学習成果について語り合うことになります。

教師の役割は授業時間やオフィスアワーに個別に学習支援することです。また，常に学生たちの学習状況を把握し，学習活動を促進することです。

⑻ 「個人探究型演習」モデル（例：個人プロジェクト学習）

上に述べた「課題選択型演習」との違いは，「個人探究型演習」は，1つのコースの中で，学生は一人ひとり個別に学習課題や解決方法を自らの手で決定して探究していく学習です。言いかえると，⑺の「課題選択型演習」では，教師が示したいくつかの学習テーマの中から1つあるいは複数のテーマを選択して，教師からの支援をえて，探究していくのですが，この「個人探究型演習」では，当然，インフォーマルな形での学生間の協力は存在するのですが，学生は，原則として一人で，自らの学習課題を作り，自らの力で探究していくという自己指示型学習（self-directed learning）です。もちろん，学習課題はコースのねらいを満たすものでなくてはなりません。単に「プロジェクト学習」と名付けてもいいかもしれません。

ここでの教師の役割は学習課題の決定から，探究活動を経て，ある結論（まとめ）に到る学習活動の全プロセスで，個別に学生を支援するこ

第2章　教師と学生による双方向的な「参加型・参画型」授業を創る

とです。

　「一人一課題」のこの探究学習ですが、学生たちはバラバラになる心配はないのです。今日では、ムードル（Moodle）のような学習支援システムを活用すれば、教師と学生、学生同士を結び付けてくれるのです。

　この違いは、けっして、小さくはないのです。教師が示したいくつかの学習課題の中から特定の学習課題を選ぶ行為は、必ずしも自らの課題意識をベースにしているとは限りません。教師の方で重要である、あるいは、有意義であるという認識から学習課題を決めていることはたしかです。しかし、それらは学生の課題意識と一致するものとは、かならずしも、言えないからです。また、探究の方法についても、同じことが言えます。概して、学生たちは受動的です。

　それに対して、「個人探究型演習」では、学生たち一人ひとりが自らの課題意識をベースに学習課題を作り上げます。また、課題解決の方法についても、自ら考えていきます。当然、自分自身にとって重要な、あるいは、有意義なテーマであるかどうか、また、適切な解決方法かどうか、常に、自らに問いかけなければなりません。

　先に述べた「原因感覚」に加えて、自己責任という感覚がそこにはありますし、学習意欲をかきたてる感覚も常にあります。学習課題が学習課題になるためには、探究する学習活動全体を常に見通さねばなりません。すなわち、「メタ認知」を働かせていなければならないはずです。

　このことは、学生が「教育内容」「学習方法」に関してヘゲモニーを取ることに伴う、最大のメリットと言ってよいでしょう。教師から与えられ、あてがわれる「内容」に対する学生の関与は間接的と言わざるを得ないのです。もちろん、「方法」に対する関与についても、同じことが言えます。

⑼ 「ワークショップ型演習」モデル（例：集団プロジェクト学習）

　「個人探究型演習」に対して，「ワークショップ型演習」は，その名の通り，学生たちが小グループを作り，協力し合って，探究活動や制作活動を行うワークショップです。ここでは，学生たちの間の協同・協力が重視されます。

　個人探究型演習では，学生一人ひとりが自らの「学習課題」を作るのですが，「ワークショップ型演習」では，学生たちが協力し合って，すなわち，話し合って，「学習課題」を決めていきます。もちろん，探究の方法についても，一緒に，決めていきます。

　第6章で詳しく述べますが，探究型の学習テーマに関して学習課題を作る手法として，ウェビング（webbing）が有力です。学生たちが話し合いながら，探究するテーマについて，どの方向からどのように探求すべきか，また，そこにはどんな情報があるのかなど調べながら学習課題づくりを行っていきます。

　私も外部評価委員としてかかわった新潟大学の学生支援GPプログラム『新潟地域学』では，異学年，異学部にまたがる数人の学生たちが学習テーマごとに小グループを作り，複数の教師や地域の専門家の支援を得て，地域に出かけて行う探究学習です。大学内には，GPプログラムのための学習センターがあります。

（http:www.dent.niigata-u.ac.jp/daigakuinGP）
（http://arc.human.niigata-u.ac.jp/go/）

⑽ 「自由探究型演習」モデル（例：「インデペンデント・スタディ」）

　アメリカの大学には，コース番号が999と付けられたインデペンデント・スタディ（Independent Study）というものがあります。それは，その名の通り，独立して一人で行う探究学習で，自らの興味関心のあるテーマについて自由に研究できる学習活動です。

第2章　教師と学生による双方向的な「参加型・参画型」授業を創る

　通常，アカデミック・アドバイザー（academic advisor）と言われるゼミの指導教師との「契約学習」です。指導教師と相談して，学習テーマを決め，一定期間研究し，一般的には，小論文を書き，単位を修得する演習です。「個人探究型演習」との違いは，コースあるいは学科目に縛られないということです。日本の大学では，卒業論文の作成がこれに当たる，と言ってよいでしょう。

　日本の卒業論文と違って，希望する学生が指導教師に申し出て，インデペンデント・スタディとして，登録します。多くは大学院レベルの学生が，自ら関心のあるテーマを指導教師に申し出て，契約を交わし，研究します。

5　どのように現実の教育課程に位置付けるべきか

専門基礎教育課程と専門教育課程に分けてとらえる

　多くの大学は，平成3年（1991年）の「教育課程の大綱化」の方針を受けて，従来，一般教養科目と呼ばれてきた科目と専門科目の統合を図り，専門教育の早期化を図ってきたと言ってよいでしょう。教育課程の大綱化の方針以後，かつての教養教育は背後に後退し，専門教育が前面に出てきており，周知のように，「知識基盤社会」というスローガンのもとにあって，その勢いはとどまるところを知りません。

　その結果，今日では，1，2年は専門基礎教育の課程，3，4年は専門教育の課程と位置付けたというのが一般的傾向です。前者は，学部，学科の枠を超えて，全学に開放されている「全学共通科目」と，一部，「専門基礎教科目」で構成されています。

　それに対して，後者は専門教育を構成する教科目で，学部，学科の学生だけが履修できる演習式授業です。あえて名付ければ「学部あるいは学科科目」です。理系の学部，学科では実験・実習と呼ばれる授業が後

者に相当します。演習，実験・実習の最終にあるものが卒業論文，卒業研究です。

　もちろん，これらの科目のほかに，従来，一般教養科目と呼ばれてきた科目には，語学科目や保健体育科目もあります。これらの科目を専門基礎教育課程にどう位置付けるかは，学部，学科により大きく異なると言ってよいでしょう。たとえば，国際関係系の学部，学科では，語学科目を専門基礎教育課程に取り込んで，位置付けていますし，保健体育系の学部，学科では，保健体育科目を専門基礎教育課程に取り込んで，位置付けています。しかし，その他の学部，学科では，語学科目や体育科目を法的に言って，最低単位に絞り込む一方，従来の一般教養科目を専門教育科目に作り替えて行ってきたと言ってよいでしょう。周知のように，教養学部はなくなり，教師たちも再編されてしまいました。

専門基礎科目に「参加型」講義を，専門科目に「参画型」演習を適用してみる

　同時に，学部，学科の専門基礎教育の課程と専門教育の課程をどのように有機的，効果的に結び付けていくのか，どこの大学でも問題にしてきています。ここでは，専門基礎教育課程の科目に(1)から(5)の「参加型」講義モデルを位置付け，専門教育課程の科目に(6)から(10)の「参画型」演習モデルを位置付けておきたいのです。

　この位置付けは極めて大雑把なものにすぎないことを承知しています。しかし，繰り返しますが，講義式授業はカテゴリーAとBの領域にあり，一部，教育方法に関して学生に譲るところはあるとしても，教師が，教育内容も教育方法もコントロールしている領域です。(1)から(5)の「参加型」講義モデルは，このことを意識して，創りだしてきた授業モデルです。

　他方，演習はカテゴリーCとDの領域に位置付けておきたいのです。

第2章　教師と学生による双方向的な「参加型・参画型」授業を創る

ここでは，徐々に，教育方法はもちろん，教育内容に関しても学生に譲り，最後には，教育方法も教育内容も学生がコントロールすることを許していく領域です。(6)から(10)の「参画型」演習モデルは，このことを意識して，創りだしてきたはずです。

知識を伝達することと創造することという2段階論を問う

次の第3章で詳しく述べるつもりですが，大学教育に限らず，日本のカリキュラム（教育課程）の背景には，文化遺産の継承と文化の創造，あるいは，知識の伝達と知識の創造という2段階に考える考え方が極めて強力です。

高等学校までの教育と大学教育の間では，前者は文化遺産の継承や知識の伝達に力点を置き，後者は文化の創造や知識の創造を重視するというカリキュラムのシークエンス（順序性）についての考え方です。

高等学校までの教育のカリキュラムでも，また，「基礎・基本」と「発展」という2段階論が幅を利かせてきています。実のところ，大学教育のカリキュラムの中でも，2段階に考えられてきていて，上に見てきたように，専門基礎科目と専門科目という区分が一般的です。

話が少し飛びますが，実は，教養科目（一般教養科目）と専門科目との関係は段階論ではありません。同じ専門科目を専門基礎科目と専門科目に2段階に分けて考えるのは容易ですが，目指すところの違う教養科目と専門科目を関係づけることは難しく，戦後の大学教育はこのことに失敗してきたのです。

日本固有の理由としては，明治時代以来，西洋の科学技術に「追いつけ，追い越せ」という国是のもとにあって，教育活動は文化遺産の継承と文化の創造とに分けて考えた方が効率的であったのでしょう。さらに，戦後の急速な経済発展と国際間の競争の激化により，教育活動は知識の伝達と知識の創造とに分けて考えられるようになってしまったのでしょ

う。

　特に，学校教育の段階では，教師は知識を生徒たちに伝達することを一義的な責務と考えるようになり，知識の創造ということをないがしろにするようになってしまいました。

　その結果，大学教育の段階になっても，「基礎的な知識があってこそ，創造活動が可能である」と，知識の伝達と創造を2つのステップに分けてとらえられてしまっているのです。

　はっきりした形で認識されているわけではないのですが，上に述べた学部，学科の教育課程も，このことを暗黙の前提として，構成されているように見えます。

　学部，学科の専門基礎教育の課程では，専門領域に関する基礎的・基本的知識・技能を伝達して，その上に，専門教育の課程で，より深い専門的知識・技能を育てようというのです。大学院が一般化しつつある今日では，学部段階ではすべて専門領域に関する基礎的・基本的知識・技能を伝達して，大学院レベルで，はじめて創造的な学力を育てればよい，と考えられているように思います。

　こうした2つのステップとして考えることは，それこそ常識的で，一般的に受け入れやすいにすぎないのです。

通説・常識を学ぶことと通説・常識を疑うことという2段階論を問う
　もう1つの考え方は，高校教育までの教育では，誰にでも受け入れられている「通説・常識」を教え，大学に入って，それまで学んできた通説・常識を「疑うこと」を教えればよい，とする考え方です。

　このように2つのステップで考えることは，それこそ，常識的でわかりやすいのですが，実は，高等学校までの教育と大学での教育を分断し，その連続性を確立することを阻止してしまっているのです。

　今日，これら有力な2段階ステップ論は大きな問題となってきている

第2章　教師と学生による双方向的な「参加型・参画型」授業を創る

のです。すなわち，第1ステップの科目を学んでいる間に，第2のステップの科目に跳躍する力を失いかねないということです。

伝達と創造，学ぶことと疑うことを統一しなければならない

　私も新しい授業のモデルづくりに当たって，「講義」と「演習」に2分しています。また，前者は専門基礎教育の課程を想定し，後者は専門教育の課程を想定してきたことはたしかです。現実の大学のあり方を考慮した上で，あえて，このように想定したつもりです。

　しかし，今日必要なことは，専門基礎教育の課程でも，専門教育の課程でも，知識の伝達と創造を統合して，同時に取り扱うべきです。通説・常識を学ぶことと疑うことを同時に行うことです。この統合こそ，今日の大学での授業改革の最大の焦点です。

　具体的には，創りだしてきた5つの「講義」モデルでは，教師がヘゲモニーを発揮することを前提としていますから，教師自身が，前章で見てきたように学生たちの言い分を聞き入れながらも，自ら率先して創造的かつ個性的授業を展開すべきです。

　他方，5つの「演習」モデルでは，学生たちがヘゲモニーを十分発揮できるように，教師は演習を組織し，学習環境を整え，学生たちに個別指導をすべきです。

　繰り返しますが，この章で「参加型・参画型」授業を「参加型」講義と「参画型」演習に分けて，述べてきました。そして，講義と演習という言葉を使ったがために，前者は主に1，2年生が履修する専門基礎科目の授業に，後者は主に3，4年生が履修する専門科目の授業を想定しているように理解されるでしょう。だからと言って，「参加型」講義では，通説・常識を教え，「参画型」演習では，通説・常識を疑うことを教えるべきだと分けて考えるべきではないのです。両者は統合してこそ取り扱われるべきです。

学生が講義に「参加」する，演習に「参画」するということは，この知識の伝達と創造を統合するという観点，また，通説・常識を学ぶことと疑うことを統合する観点から計画されねばならないのです。

　後の章で繰り返して述べる予定ですが，前もって，結論的に言えば，原理は「知識は創造のために使われてこそ機能する」ということです。「通説・常識は常に疑う対象である」ということです。

　「はじめに」で見たように，これからの社会は知識基盤社会（knowledge-based society）であり，「知識が社会，経済の発展に駆動する基本的な要素である」とするならば，すなわち，知識に社会，経済の発展を「駆動する」力を期待するのであれば，知識を獲得するプロセスと創造するプロセスを統合して取り扱うべきです。

　言いかえると，専門科目の「参画型」演習はもちろんのこと，専門基礎科目の「参加型」講義においても，両者を統一して取り扱うべきです。（図2参照）

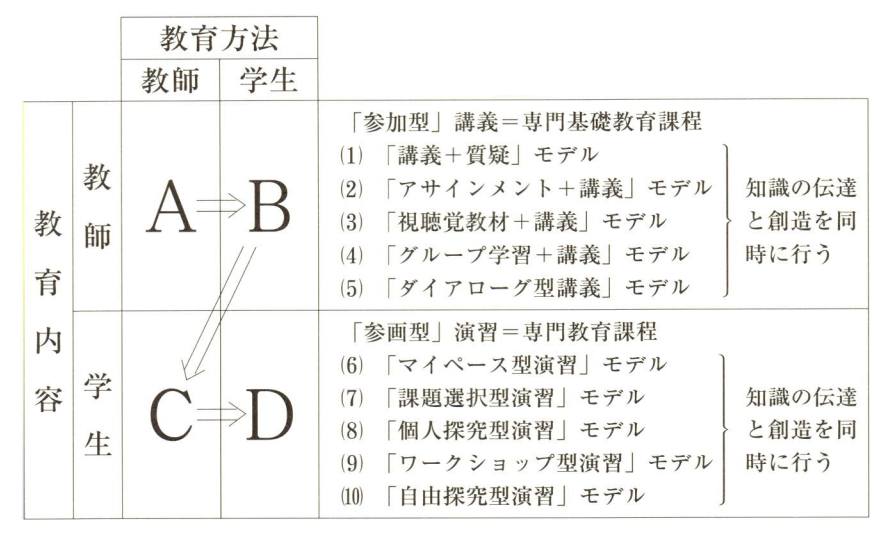

教育内容		教育方法			
		教師	学生		
	教師	A	⇒B	「参加型」講義＝専門基礎教育課程 (1)「講義＋質疑」モデル (2)「アサインメント＋講義」モデル (3)「視聴覚教材＋講義」モデル (4)「グループ学習＋講義」モデル (5)「ダイアローグ型講義」モデル	知識の伝達と創造を同時に行う
	学生	C	⇒D	「参画型」演習＝専門教育課程 (6)「マイペース型演習」モデル (7)「課題選択型演習」モデル (8)「個人探究型演習」モデル (9)「ワークショップ型演習」モデル (10)「自由探究型演習」モデル	知識の伝達と創造を同時に行う

図2　授業改革のための授業モデル

第3章
構築主義をベースにして，新しい教授学を構築する

　前章の最後に，今日では，ごく広く一般的に，「基礎的な知識があってこそ，創造活動が可能である」「高校までは通説・常識を学び，大学で疑えばよい」，と教育活動が2段階に分けて考えられてしまっていますが，大学教育にあっては，両者の間に分け入って，両者を統合して取り扱うべきであると主張しておきました。

　すなわち，教授する者，学習する者の外に，客観的な体系的知識（body of knowledge）があり，教師はまずは「きちっとした」知識を学生に伝達すべきで，その上でこそ，はじめて，知的な創造活動が可能なのであるという俗説が当然のこととして，教育界に広がり，さらに，大学教育まで支配しているのです。

　この章では，あえて，「参加型」講義を念頭に考えていきたいと思います。次章で，「参画型」演習について考えます。なぜなら，従来からの講義式授業は「きちっとした」知識を学生たちに身に着けさせることを目指して行われてきた，と思われるからです。このことに挑戦して，かつ，切り崩してこそ新しい教授学が構築できる，と主張したいのです。

　その際，パラダイムの転換を求めて，近年注目されてきている構築主義（constructionism）という考えを取り入れたいのです。手におえないかと恐れながらも，試みてみようと思います。

　このように大きく構える前にやらねばならないことがあるのです。それは，教師と学生の地平の問題です。すなわち，教師は学生たちを自分たちと同じ地平に置くことを，強く拒否してきているという事実です。この点から入りたいと思います。

1 学生への目線を改めることから始める

学生への厳しい不信感が醸成されてきた

 とても不思議な社会現象に思われるのですが，突如として，1999年（平成11年）夏から2000年（平成12年）夏にかけて，雑誌を中心に大学生の「学力低下」にかかわる，ショッキングなタイトルの論文が掲載されました。一時的に加熱した社会現象にすぎなかったのですが，これを契機にして，大学生に対する目線が一挙に悪化してしまったのです。

 それまでは，曲りなりにも，大学生は温かい，期待を込めたまなざしで見られてきていたのですが，1年もしないうちに，厳しい，不信感の中に突き落とされてしまいました。大学教育の大衆化の時代を経て，大学生はもはやエリートの一部でさえなく，「普通の人」ととらえられ始めた時代でした。

 教育学を専門としない，経済学や統計学にかかわる，わずか3人の意図的な「悪だくみ」だったのではなかったかと，今にして，思われるのです。

 やがて，東京大学の教育学部の有名教授たちが参加し，マスメディアも加わって，最初は大学に向けられた「学力低下」という言葉は，あっという間に小・中学校の段階にまで拡大され，世間を騒がせ，巻き込んでいきました。

 学校や教師や，もちろん，学生や生徒を守るべき文部科学省までもが，2年もしない2002年1月には，『確かな学力向上のためのアピール「学びのすすめ」』を策定し，「学力低下」を追認してしまったというしだいです。そこに残されたのは，大学生や子どもに対する不信感に満ちた厳しい目線だけでした。

 追い打ちをかけるように，2004年には，国際比較調査 TIMSS と PISA

第３章　構築主義をベースにして，新しい教授学を構築する

の結果が発表され，「成績の順位が下がったこと」が大々的にマスメディアで取り上げられ，今では，日本の大学生や子どもの学力は低下してしまったと信じられてしまっています。そこには，「学力低下」について，何の証拠もなかったのですが，「失われた10年」といわれる経済的不況という状況下にあって，日本人の将来への不安や自信の無さが反映されていたにすぎず，教育は恰好な「濡れ衣」の対象とされた，と言ってよいでしょう。

　やがて，学力低下に加えて，体力低下，道徳力の低下と，どこの教育委員会でも叫ばれるようになり，大学，学校や教師への批判が最高潮に達していきました。もちろん，その着地点は2006年（平成18年）の教育基本法の改正でした。

　疑いもなく，今日の「いじめ」や「体罰」問題は，子どもたちや大学生たちへの教師や大人たちの不信感に根差しています。したがって，今日なされようとしている教育改革は学力低下という仮想を前提にしているものと考えるべきです。（加藤幸次・高浦勝義編著『学力低下論批判』黎明書房，2001年）

「この頃の学生は計算もできないし，読み書きもできない」と

　上に見た1999年に始まった「学力低下」論は，『分数ができない大学生』（岡部恒治，戸瀬信之，西村和雄編，東洋経済新報社，1999年６月）で引きがねが引かれました。これらの著者は教育学関係の人物ではなく，全員，経済学・統計学関係の人物です。『小数ができない大学生』（東洋経済新報社，2003年３月）と続きます。

　この間に，和田秀樹（精神科医，受験アドバイザー）の『学力崩壊』（PHP研究所，1999年８月）と，戸瀬信之，西村和雄，和田秀樹の『算数軽視が学力を崩壊させる』（講談社，1999年９月）が出版されました。注目すべきことは，和田は「東進ハイスクール」の顧問ですし，「緑鐵

受験指導ゼミナール代表ですし，西村は「家庭教師派遣のトライ」の宣伝（朝日新聞，2003年3月16日）をしています。

続いて，文科省の現職の高級官僚の大森不二雄の『「ゆとり教育」亡国論』（PHP研究所，2000年8月）が出版されたのです。

これらの出版物のタイトルからしても，一見してわかることですが，大学生が「小学校レベルの算数もできない」，やがて，「漢字も書けない」という学力不足を訴えたことです。その結果が，最初に見たように，国を挙げての「学力低下」の叫びで，やがて，戦後教育の一大改革をもたらしました。

しかし，一体，こうした大学生の学力に対する認識は何をもたらしたのでしょうか。大学が大衆化していく時代の中で，そうした低学力の学生を入学させている大学があるかもしれないとしても，大学の教師たちに何をもたらしたのでしょうか。

そもそも，当時，大森を除けば，他の4人は一応有名な大学の教授をしていたわけですが，自分が実際に教えている学生をこのような厳しい，希望を託そうとしない目線で見て，授業が成り立っていたのかどうか，聞きたいものです。いや，学力低下は自分の大学や学部のことではなく，他の大学や学部の話とでも考えていたのでしょうか。

では，一体なんのために「どぎつい」言葉で，学力低下を訴えたのでしょうか。本当に国を憂いてのことですか，それとも人口減少の中で，受験産業をより儲かる産業とするためですか，と問いただしたいところです。

学生たちは「学力低下」論をどう見ていたのか

マスメディアによる異常とも言える，こうした学力低下の論調に対して，当の大学生たちはどう思っていたのでしょうか。

2004年の前期だったと記憶していますが，第1章でお話しした『教育

方法』のコースで,「本当に学力は低下しているのか」といった趣旨でのアンケートに答えてもらいました。第1章で述べたように,このコースは全学に開かれていて,主に2年から3年の学生で教員免許の取得を希望する約300人が履修していました。残念なことに,答えてもらったアンケート用紙が見つからないのですが,大体次のような結果だったと記憶しています。

　まず,約50％に近い学生は「学力低下」を認めていたのです。マスメディアの報道を追認する意見が多く,また,塾や家庭教師として教えている経験から学力低下を指摘する学生が多かったと記憶しています。特に,自分自身の学力が低下しているのではないか,と答えている学生が目立ちました。高校時代や予備校時代に比べて,大学に入学して以来,アルバイトやサークル活動に忙しく,勉強していない,という理由からでした。

　約35％の学生は「学力低下」に懐疑的か,反対でした。その中には,自分たちは社会人あるいは先輩の世代より,コンピュータにははるかに堪能だし,英語会話はよくできるし,カラオケで歌もうまく歌えるし,外国にもよく行っていて,冒険心では負けないという意見もありました。多分,自分の親や親と同じ世代の人たちと比較して言っているのだと思いました。世間で騒がれているほど,「学力低下」を深刻にとらえているわけではない,とも思いました。

　他方,残る約15％の学生は中立的な立場だったと思います。多くはなかったのですが,「学力低下」は学校のあり方や教師の教え方が悪いせいである,という意見がありました。学校教育段階で学力が低下してしまったのは,学校のあり方や教師の教え方が悪いからだ,というのです。大学で自分たちの学力が下がってしまったのは,大学のあり方や教師の教え方が悪いというわけです。どうも,心当たりがあり,次の授業のとき,こうした意見もある,とはっきり言ったと記憶しています。

社会的に増幅された「学力低下」論にすぎない

　ごくごく当たり前のことですが，人は好きでない，尊敬できない人間から学ぶはずはないのです。現在の大学の原型は11世紀にイタリアにできたボローニャ大学だそうですが，当時のヨーロッパの大学生たちは尊敬する教師を求めて，大学を移動しながら学習したそうです。そこまでさかのぼらなくても，私たちの子どもの時代を顧みれば，納得のいくことです。理由はどうであれ，好きな教師の授業が好きだったはずです。何やら尊敬できる教師の授業はなにがしか期待を持って臨んだものでした。誰しも何人か，そうした教師に出会っているはずです。

　好きな，尊敬できる教師は，小学校のころは面白い話をしてくれる，よく遊ばせてくれる教師だったかもしれませんが，中・高学校になると，少し真面目で，知的な感じのする教師だったのではないかと思います。多少欠けるところが感じられるが，一生けんめい教えようとしている姿勢の感じられる教師に，子どもは反抗しないものだと，今でも信じています。人によって，好きな，尊敬できる教師像は少しずつ違いますが，間違いなく言えることは，嫌いな，尊敬することができない教師から学ぶことは絶対にないということです。

　一体，学生たちへの不信感をまき散らしていた，これらの経済学部の教授たちは自分たちの学生たちとどう渡り合ったのでしょうか，聞いてみたいものです。きっと，「私が教えている君たちは有名大学の経済学部の学生で，分数や小数のできない学生はほかの大学の学生の話だよ」と，実際に，公言していたのではないか，と思います。それとも，本当に，不信感を募らせて，教えていたのでしょうか。

2　知識への見方・考え方を改めることからすべては始まる

知識は客観的に「そこに，あるもの」ではない

　次に，この章の中心的な関心事に入ります。同時に，前章の最後に問題とした知識を2つのステップに分けて考える考え方について，さらにつきつめることにします。すなわち，知識の伝達と創造，通説・常識を学ぶことと疑うこと，という2段階論を統合することです。結論的に言えば，近年の構築主義（constructionism）の知見を取り入れて新しい教授学を構築したいということです。初めから断っておきたいのですが，とても，今の私の力の及ぶことではないのですが，臆せず，書いておきたいのです。

　まず，構築主義と似た言葉に構成主義（constructivism）という言葉があります。英語表記を見るとわかるのですが，コンストラクト（construct）までは同じです。そのあとのスペルを（ionism）と名詞形にismをつけるか，（ivism）と形容詞形にismをつけるか，というわずかな違いです。したがって，作り出す（construct）は同じですが，作り出す力を，あえて言えば，個人が所属する社会，あるいは，"状況"という場に置くか，個人としての人間の内に置くかの違いです。構築主義は社会に，構成主義は人間に，力点を置いていると言ってよいでしょう。構築主義は社会（的）構成主義という場合もあります。

　このような強力な2段階論には，教育内容（知識）が社会的に作られ，「そこに，あるもの」と考える本質主義（エッセンシャリズム）が背後にあり，教師の役割は社会的に作られた教育内容を次世代を形成する学生たちに効率的に伝達することと，考えられてきています。ここでは，このことを問題としたいのです。その際，構築主義の知見から学びたいのです。

構築主義から学びたいことは、「現実は社会的に構成される」ということです。上で述べてきた「学力低下論」はまさにその良い例です。あっという間に、マスメディアを通して広がり、それが真実のように取り扱われ、ついには、教育基本法の改定まで引き起こしてしまったのです。
　続いて、「現実は言語によって構成される」「言語は物語によって組織される」ということです。「学力低下」という言葉が作られ、TIMSS や PISA といった国際学力調査の結果を我田引水的に組織していったのです。（上野千鶴子編『構築主義とは何か』勁草書房，2001年，p.51）
　言いかえると、今日私たちが基礎とか、基本と言って固執している知識は今という時代の社会的、文化的産物にすぎないということです。それは、一時もとどまることなく、常に、変化し、再構成されつつあるということです。しかも、言語を通して再構成している主体は私たち自身であるということです。もっぱら知識を取り扱う大学とは知識の再構成の最先端に位置している機関で、このことに正面から取り組むべき機関であるべき、ということです。このことは、知識の伝達と創造を切り離してはならず、まさに、同時に、統合的に取り扱うべきことを意味しています。
　このことへの自覚こそ、「参加型・参画型」授業の構築の基礎なのです。ただし、ここでは主に、「参加型」講義に焦点を当てます。なぜなら、繰り返しますが、講義は学生たちに知識をしっかり、効率的に伝達することと、特に日本の大学では考えられてきているからです。
　授業は、特に、大学での授業は、知識は今という時代の社会的、文化的産物にすぎないという前提で進められるべきです。常に知識の再構成を目指していくことが大学の授業の使命である、と自覚すべきなのです。
　このようなあり方こそ、知識の伝達と創造という2段階論を統合するものです。知識は客観的に「そこに、ある」ものではなく、私たち自身と共にある存在で、しかも、常に、私たちによって、変えられつつある

ものです。そして，教師も学生も共にその変化にかかわるべきだということです。

いや，そんなことはおこがましいことで，大学の教師と言っても，有名国立大学の有名教師の話か，あるいは，大学院の博士課程での話ではないか，と言われそうです。一般的な大学の一般的教師や学生は，まず，体系的な知識をしっかり学ぶべきで，知識の創造などおこがましい話ではないか，と内々思われているらしいのです。しかしこのことこそ，挑戦すべき事柄なのです。

理解の仕方も，また，変化してやまない「人工物」にすぎない

現代は「知識基盤社会（knowledge-based society）」と言われますが，これは，特に日本では，誤解されかねない言葉です。最大の誤解は，「だから，知識がますます大事で，たくさんの知識を持った国，企業，人間が競争に勝つのだ」という従来とは変わらない理解です。しかし，それでは，相変わらず，所有している知識の量が問題視され，知識の質への関心が遠のいてしまいます。

「はじめに」で述べましたが，知識基盤社会は，「知識が社会，経済の発展を駆動する基本的な要素である」社会です。駆動とは「動力を与えて動かすこと」（広辞苑）です。したがって，知識基盤社会では，知識のもつ「機能的側面」が強調されるべきです。すなわち，知識は伝達と創造の一体化したプロセスの中でこそ，「社会，経済の発展を駆動する力」を発揮すると考えられるからです。

久保田堅一氏は知識のもつ「機能的側面」について次のように言います。「私たちの世界を理解する方法は，歴史的および文化的に相対的なものである。つまり，私たちの理解の仕方は置かれている歴史や文化に強く依存した形をとっている」と。（久保田賢一『構成主義パラダイムと学習環境デザイン』関西大学，1993年，p.50）

言いかえると，知識はその時代その時代の人間が創りだした「人工物(artifact)」にすぎず，かつまた，私たちの理解の仕方も，その時代その時代の人間が創りだした「人工物」であると考えるべきです。
　知識を伝達と創造に峻別し，知識を伝達することを教師の第一義的な役割としてきた，これまでの教育観は一大転換を迫られているのです。教育における本質主義，教科主義，系統主義の変革を目指さねばなりません。

文化遺産の継承と文化の創造を「統合」しなければならない

　次に進む前に，繰り返しになることを承知ですが，知識の伝達と創造のかかわりについて，再度念を押しておきたいのです。教育の世界では，特に戦後にあって，人類の「文化遺産」の継承と文化の創造とが，2分して，考えられてきました。考え方のわかりやすさから，まるで，当然のごとく受け入れられてきたと考えられるのです。多分，明治時代以後，西洋の科学技術文明に，『追いつけ，追い越せ』を国是としてきた中で，ごく自然に，今日の教育界に浸透していったに違いないでしょう。
　たしかに，それぞれの専門分野には，ある程度の共通性をもった代表的な著作物があり，大学の教科書となっています。自然科学の領域の教科書であれば，定理とか，公理とかに導かれるような章構成から成り立っていますし，社会科学の領域のそれは，著名な研究者なり，そうした研究者の研究成果からできています。そうした内容は「文化遺産」と呼ばれ，文化の創造ということを問題にする前に，まず，すべての学生が学ぶべきものと言われてきています。
　どの大学でも，1, 2年生が履修することになっている専門基礎科目では，当然のこととして，こうした「人類の文化遺産」を，まず，しっかり身に着けることが要求されてきているのです。実は，教育の世界では，堂々と，教師の役割は学生たちに人類の文化遺産を継承させること

と，言われてきているのです。学生たちは知識の「受容器」です。

　ここには，構築主義の言う，私たちの持つ知識は時代の「人工物（artifact）」にすぎないという感覚がありません。知識は「人類の文化遺産」という美名のもとに，絶対物かのように取り扱われてきているのです。

　特に，学校教育の段階では，教育の役割は人類が発展させてきた文化遺産を次世代の子どもたちにしっかりと伝達することにある，と固く信じられてきています。驚くほど，疑いもなく，そう信じられてきているのです。明治時代以来，日本の教育は西洋の科学技術に「追いつけ，追い越せ」をモットーにして来ました。戦後の学習指導要領を見れば，明らかです。学校教育の世界では「系統主義」とか，「教科主義」とか呼ばれて，今日に至っています。「本質主義」とか，「客観主義」と名付けてもよいのです。

　別な言い方をすると，文化の「創造」は切り離され，後回しにされてしまったのです。知識は「人類の文化遺産」からなり，学習者のまえに厳然として「そこに，ある（over there）もの」として存在し，まずは，それらをしっかり習得したうえで，はじめて，創造することを考えるべきであるという「2段階論」になってしまっているのです。

大学の教育課程は「文化創造」への「足がかりとなる場」を提供すべきである

　現状の学校教育の教育課程は，大学にあると考えられている「親学問」を目指して，系統的に構成されていると言われます。義務教育である小・中学校で，国民なら誰しも身に着けているべき「基礎の基礎」を教え，今日では，準義務教育機関となっている高等学校では，「発展的な基礎」を教えることとなっているのです。このことは学校教育法に規定されているのです。

しかし，率直に言えば，学校教育の教育課程が大学の教育課程とどのような接続関係にあるのか，今日までほとんど考えられないで来ていると思われます。本章の冒頭でも少し触れましたが，このところに至って，やっとのこと，高等学校までは自然科学分野では「通説」，社会科学分野では「常識」を教え，大学に入ったら，それを「疑う」ことを教えるべきである，と言われるという状況です。(佐々木雄太「主体的な学びの回復のために」，IDE『現代の高等教育』2012年8-9月号，p.13)

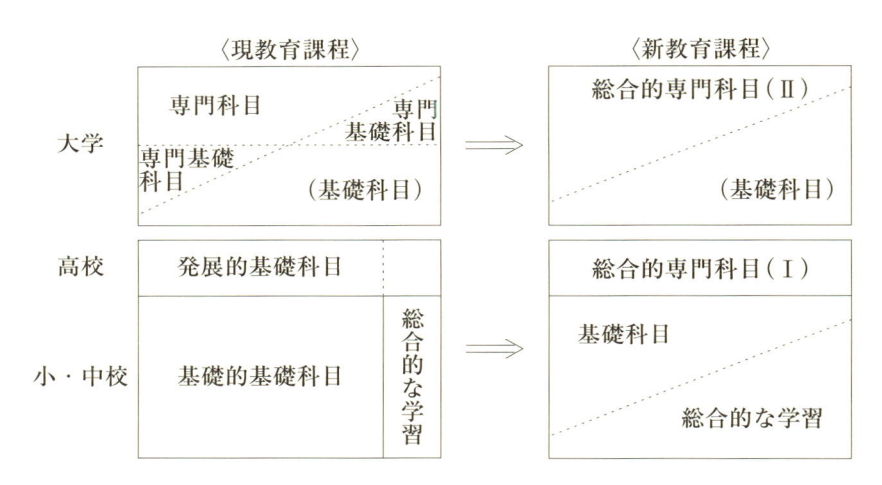

図3　「教科型」教育課程から「総合型」教育課程へ

　結論的に言えば，大学の教育課程は既存の文化遺産を活用して，文化の「創造」という段階への「足がかりとなる場」を提供すべきです。このことが両者を統合して取り扱うという具体的な意味内容です。教師にも，学生にも，大学教育はそうした場であるとしっかり意識された上で，教師は授業を構成し，学生は授業に参加することが重要です。こうした成熟期の大学にふさわしい科目名を提案してみますと，『総合的専門科目』という名称がよいかもしれません。現在，全学共通科目（大学によって，基礎科目）と呼ばれている科目と，専門基礎科目や専門科目と言

第3章 構築主義をベースにして，新しい教授学を構築する

われている科目を，将来，統合して，大学の教育課程全体を「総合的専門科目」と呼ぶようになるかもしれません。

「足がかりとなる場」という日本語に対する英語はscaffoldingですが，このところよく使われている英語です。しかし，後の項で述べますが，どうも，（社会的）構築主義の文脈で主張される「状況的学習（situated learning）」の中で間違って使われないようにしたいのです。

特に，総合的専門科目は専門領域の「発生・発達史」から構成する

大学の教育課程が文化の「創造」という段階への「足がかりとなる場」となるために，とりあえず，次の2つのことを提案しておきたいのです。1つは教育課程を構成する内容について，もう1つは，次の項で述べますが，内容を取り扱う際の教師自身のあり方についてです。

第1，2章に見てきたように，今日までの講義式授業を「良い授業」にするために，学生が「参加し，参画する」授業を創ることを提案してきました。1，2年生に向かって開講される専門分野での基礎科目は，教師が教育内容をコントロールする「参加型」講義となると考えられるのですが，文化の「創造」の「足がかりとなる場」を提供する講義とはどのような授業であるべきでしょうか。

1つの有力なあるべき姿は，それぞれの専門領域の学問が誰によって，いつ，どのように創造され，また，誰によって，どのように継承され，どんな発展を遂げてきたのか，さらに，今日残されている課題はどんなことで，誰たちが解決の努力をしているのか，といった専門領域の学問の「生成と継承と発展」に関する躍動するプロセスについて，講義することではないかと考えられるのです。

この一連のトピックはいくつかのコースとして，それぞれの学部あるいは学科で，関連付けて取り扱われるべき教育課程を構成する内容でしょう。これらのコースが総合的専門科目を構成する内容と考えたいので

す。

　この専門領域の学問の生成と継承と発展に関する躍動するプロセスについて学習の中で，専門領域の学問の「構築主義的要因」を学ぶことができるはずです。どの学問も極めて動的で，その時代の社会的，文化的な「人工物」に違いないのです。

教師は「自分の生き方」を交えて講義すべきである
　もう1つのことは，一人ひとりの教師は自分が研究し，担当する教科目にどのような「思いや願い」を持って臨んできているか，ということを講義の中で語り続けることではないか，と考えるのです。

　どのような動機から，自分の専門領域を決めたのか，そこで，どんな課題に直面し，どのように克服してきているのか，専門分野には，どんなことが期待できると考えているのか，といった「自分の生き方，研究の仕方」について語るべきではないか，と思います。

　言いかえると，教師は自分が担当する専門領域の「発生・発達史」にかかわる教科目の授業で，自分自身がどのように専門領域の学問の発展にかかわろうとしているのか，学生たちに語るべきです。ただ単に，伝達という錦の御旗にまもられて，専門領域の知識を切り売りしているのでは，魅力ある授業はできません。

　学問へのこのような個性的なかかわりの中に，その人となりが見られると言ってよいのでしょう。

　今にして思えばとても失礼な質問をしたのではないかと反省していますが，院生のとき，私は重松鷹泰・上田薫ゼミ（教育方法）の時間でしたが，上田先生に「なぜ，哲学ではなく，教育哲学のような"人気のない"学問領域を専門にされたのですか」と，尋ねたことがありました。知る人は知っているのですが，上田先生は，あまりにも有名な西田幾多郎の初孫で，しかも京都大学で哲学を学んだ先生です。その時，上田先

生はとても丁寧に、教師であった弟のことに言及されながら、「人間の形成」についての研究こそ、哲学の中の中心的課題である、と答えてくれました。それは、医学や法学といった"人気のある"、したがって、入学試験の難しい学問領域に対して、教師養成や教育学を蔑んで見ている世間を意識していた私にとって、大きな跳躍の機会となったことはたしかです。

3 「足がかり」を得て、自分なりに知識を創造するのは「私」自身である

「基礎基本」という言葉に惑わされる知識人が多い

何度も繰り返しますが、学生たちの主体的、創造的学習を阻止している「2段階論」、すなわち、系統主義への執着は日本の教育界にはびこっているのです。このことを強く意識させられた、大手新聞社の記者の取材と文科省の重要会議について触れておきたいと思います。

私たちが、ごく自然と思っている、知識の獲得と創造力の育成をめぐる言説です。単純に言えば、「しっかりした知識がないところに、新しいものが創造されるわけがない」という極めて通俗的な言い分です。

もう20年は前になるでしょうか、当時、自己教育力とか、自己学習力とかいった「新しい学力」ということが問題にされた時代のことです。ある大手新聞の教育問題を担当している記者のインタビューを受けた時、「加藤先生、やっぱり、基礎的基本的な知識があってこそ、創造的活動ができるのでしょう」と、逆に説得されたことを思い出します。

また、教育基本法の改正に道筋をつけた、『教育再生会議』の中での審議の過程で、「知識と創造」について議論されています。その時、「ゆとり教育」を知的「武装解除」だと非難した有名な元東大教授がこの問題を取りあげて、基礎的基本的な知識があってこそ、創造的活動ができ

るのだ，と言っています。それに対して，他のどの委員も何も言わず，議論がなされずに終わっているのが印象的でした。その結果というよりは，この会議は「ゆとり教育」の廃止を既定の方針として始まったものだったのです。

「学力がない，意欲がない」と嘆く大学教師が多い

『私立大学教員の授業改善白書』（私立大学情報教育協会，平成23年5月）によると，4年制私立大学の教師の42.5%が学生の「基礎学力不足」を問題にしています。さらに，「自発性の不足（自発的に質問・発言しない）が40.7%，「学習意欲の低下」が36.8%と続きます。

どうして，このような質問項目が設けられたのか，いぶかりますが，「教員の言葉を理解できない」という項目は8.7%です。別な言葉で言えば，教師の半数近くは，学生に基礎的な学力がないと考えているのです。これでは，そもそも，大学での授業が成り立つはずはないのです。

前々節でも取り上げた『分数ができない大学生』（1999年），『小数ができない大学生』（2003年）といったセンセーショナルな本が，一世を風靡しました。無責任な行為そのものです。

繰り返しを恐れないで言えば，それ以来，大学生の「学力不足」は既成事実のように受け止められ，さらに，高校までの教育の「たるみ」が問題にされ，その圧力のもと，夏休みの期間の短縮，土曜日授業の復活，授業時間の増加となり，教科書は分厚くなり，今回の政権は「学校6日制」に戻すことを企てています。ここにある考え方は「量が質を規定する」というものです。

高校までの教育は「基礎的基本的な知識の定着で，大学に入って，知的創造が許される」というはっきり二分した考え方こそ，ここでの最大の問題なのです。この二分した思考は，きわめて広く，かつ，深く，今日の教育の世界に浸透している考え方でしょう。いくらノーベル賞学者

が，直感とか，思いつきとか，偶然のたまものとか言ってみても，この信念にも似た考え方は一向に変わらないのです。「まず，知識ありき」というわけです。

知識獲得のプロセスと知的創造活動を一体としてとらえ直さなければ，今日の教育問題は解決しないでしょう。このことは，大学教育の段階のことではなく，学校教育の段階から考えなければならないことなのです。

大学までの教育は基礎基本となる「通説・常識」の伝達で，大学から通説・常識を「疑え」という単純な段階論でさえ，やっと，このところ言い出されたにすぎません。

「個性的」構成主義に基礎を置く

続いて，この章のもう1つの中心的な関心事に触れたいと思います。それは，私がここで強く主張したいことです。前節で述べてきたように『総合的専門科目』を構成する，それぞれの学部・学科の専門領域の「発生・発達史」にかかわる内容と，それを教え，学ぶ教師と学生とのかかわり方についてです。あえて言えば，私自身の個人的理解にかかわることです。私は，半ば勝手に，「個性的」構成主義（personalized constructivism）と名付けてみました。

「個性的」構成主義では，人は一人ひとり自らの視点，あるいは，こだわりからしか知識を受け入れられない存在であるとみなします。教師によって語られる知識は，自分とのかかわりという視点から修正され，自分にとってより統一された知識として作りだされ，内面化されていくものと考えるからです。同じことが学生についても言えるはずです。

ピアジェ流に言えば，人は外界とかかわりながら，自ら「発明（invent）」していく存在です。「発見（discovery）」と「発明」は大きく違います。発見は存在するものの中から何かを見つけることです。もちろん，見つけることもたやすいことではありません。しかし，発明は存在するもの

を使って何かを自分なりに組み立て創りだすことです。それは発見をはるかに超える行為です。しかも，それは個性的であらざるを得ないのです。(Seymour Papert, 'Child Psychologist, Jean Piaget', TIME 100, pp.49-50. 竹内通夫さんよりいただく。)

　一人ひとりの人間は生まれた瞬間から，周りの環境と相互作用を繰り広げながら，自ら意味を見出し，自分なりの知識を発明している存在であるととらえるべきでしょう。

　外界と相互作用を繰り返しながら，自分なりに意味をとらえ，創造していく活動の中でこそ，知識は自分自身にとって「生きて働く」ものとなっていくはずです。周りの環境である外界が私より強いという考えもあります。それは外界の強度にもよりますが，原則として，主体としての私の方が強いと考えたいのです。この発明（invent）という行為の中にこそ，人間の主体性と創造性の根源があると考えるからです。次の項で触れますが，私は「社会的」構築主義に与した「状況的学習」論者ではありません。こうしたあり方を半ば勝手に「個性的」構成主義と名付けてみました。

　私たちは，近代教育制度のもとに縛られていて，私という人間の外に，何か客観的な体系的知識（body of knowledge）があって，それを取り込むという受け身な学習を学習活動と考えているのではないでしょうか。

　毎年，大学入試センターによる試験がなされ，問題と解答が大々的に公表されます。同じことが，小中学校レベルでも，全国学力調査で行われてきています。こうした試験や調査での得点結果がその人の人生に大きな影響を与えることはたしかです。したがって，いやおうなしに，人はそこで出題される知識に合わせざるを得なくなるのです。私の外にある体系的と思われる知識に服従する以外に方法はない，と考えがちです。

　人類が長い歴史の中で蓄積してきた文化遺産と言われる知識，それ自体が，上に見たように構築主義にしたがえば，その時代の社会的産物に

第3章　構築主義をベースにして，新しい教授学を構築する

すぎず，常に変化してやまないものです。人間は自分がすでに持っている知識との葛藤を通して，自分自身で文化遺産と言われる知識を発明していく存在です。そこでの葛藤は必ずしも知識を継承することにつながるものとはならないのです。ときに，継承を拒否することになるに違いないのです。この拒否するという行為の中にこそ創造という要因が潜んでいるはずです。教育活動はこのことを促進する活動と言ってよいでしょう。

　私が知識をめぐって二重の相対性が存在することを知ったのは，やはり，名古屋大学大学院時代の重松・上田ゼミの『教育方法』演習でした。

　構築主義が指摘するように，1つは文化遺産と言われる知識もある時代の社会的，文化的「人工物」にすぎず，常に変化していく相対的なものです。もう1つはそれをとらえようとする一人ひとりの学習者の理解の相対性です。以前の理解の仕方と今の理解の仕方の「ズレ」と言っていいものです。人の理解の仕方は常に変化していると考えられるのです。もちろん，同じ対象について，人それぞれ違った理解の仕方をするという意味での相対性も無視できないものです。

　すなわち，人間の認知行為はこの二重の相対性の中で進行していくものなのです。このゼミでは，このことを「動的相対主義」と呼んでいました。

　当時はよく理解できなかったのですが，この演習のテーマが「動くものが動くものをとらえるとはどういうことか」とか，「不安定から不安定に動くとは」とか，「相撲は土俵の上で行われる」とかいったものでした。

　ゼミ生ではなかったのですが，この演習にはまり込んで，大学院の5年間継続して履修しました。（上田薫『知られざる教育──抽象への抵抗』黎明書房，1958年）

「状況的学習」論は葛藤を封鎖し，現状に取り込む，保守論である

　レフ・ヴィゴツキー（Lev Semenovich Vygotsky）の「発達の最近接領域」はあまりにも有名です。学習活動を「学習者が独力でできるレベル」と「高い仲間との協力のもとでできるレベル」に2分し，後者を「発達の最近接領域」と名付けて，学習活動をこの高い仲間との共同体の中に投げ込んだのです。したがって，私という学習者は「高い仲間との共同体」という外界のもとに置かれ，この外界に依存して学習することになるのです。「高い仲間」とは誰か，よくわかりません。しかも，共同体が「高い仲間」で構成されていないときは，学習はどこに収束していくのか，わかりません。

　また，ジェーン・レイブ（Jean Lave）とエチエヌ・ウエンガー（Etienne Wenger）の「状況的学習」も，近年有力な考え方として注目されてきています。親方と弟子たちから構成される「徒弟制」がそのモデルとして例にされるのですが，「社会的共同的参加」という状況の中で生じる学習活動に力点が置かれています。親方は弟子を直接指導することはなく，弟子は共同的に参加する中で「盗み見て，学ぶ」「見よう見真似で学ぶ」ということでしょうか。そのことによって「周辺参加」から「十全参加」をなしとげ，成長していくと言うのです。

　こうした共同体とそこへの参加による「協働」と盛んに言われる学習活動は「高い仲間」や親方次第ということになりかねないのです。さらに，「共同体」を正しいものとして受け入れることが前提になっているのです。すなわち，「共同体」を批判的に見ることは許されないのです。言いかえると，現状維持派であり，保守派ということです。

　さらに，集団主義という考え方が，保守派でも，革新派でも強力な日本では，構築主義は社会的な精神的圧力として働く可能性が極めて高いのです。かつて，集団主義教育が幅を利かせた時代がありました。協働学習は「班づくり」「核づくり」から始まりました。構成主義は教育内

容，すなわち，知識をとらえることにおいて賛成しても，教育方法，すなわち，知識の獲得の仕方としてとらえることには，強く反対しておきたいのです。

「状況的学習」論者は，私の言葉で言えば，「社会的」構成主義者です。知識が文脈（context）を重視しているのですが，「高い仲間」や「徒弟制」のもとでの親方を中核にした文脈です。それに対して，私の言う「個性的」構成主義は，集団主義が作る文脈というよりは，一人の個人の作る文脈を重視しています。

4　ガイダンスを通して，統合する「私」を支援する

科目の履修に関するガイダンスはある

戦後，学校教育の世界に「ガイダンス」という言葉が導入されました。実は，もっぱら学習活動に対してガイダンスを行うことを意味していたのですが，一挙に変化してしまい，生活指導あるいは進路指導を行うことを意味するようになってしまいました。

大学の世界でも，今日でもそうですが，ガイダンスという言葉が使われます。しかし，その意味するところは，学生の科目履修に関するガイダンスということです。卒業するには，あるいは，ある資格を取るには，どのような科目を，何年次に履修しなければならないのか，毎年，新入生を対象にガイダンスが行われます。もう1つは，キャリア教育の中にあって，ある資格，技能を取得するためのガイダンスです。それは大学における進路指導です。

戦後，大学の教育課程は国によってしっかり枠組みが決まっていましたが，平成3年（1991年）の教育課程の大綱化の方針のもとに，今日では，かなり弾力的なものになりつつあります。同じ経済学部の経営学科と言っても，そこで提供されるコース（科目）はかなり違ったものです。

したがって，一定の枠組みの中ではあるのですが，各大学は特色を持つことができるようになっています。こうした中での科目履修に関するガイダンスです。

学部，学科は履修科目の「統合」を支援すべきである

それぞれの学部，学科は学部，学科が目指す専門教育を学生たちに行うために適切であると考えられる科目を提供しています。さらに，「履修要覧」には，学年別に必修科目，選択必修科目，選択科目を指定して示し，科目履修に関してガイダンスをしています。また，特に卒業後の進路にかかわる「履修モデル」を示して，ガイダンスをしています。しかし，なお，個人的に学習に関するガイダンスを行うことが必要であるということです。

「個性的」構成主義の立場からすると，ガイダンスは一人ひとりの学生に対して履修しようとしている科目について相談に応じることです。少なくとも相談できる場所と人を提供すべきです。すなわち，大学が「履修要覧」に示した履修モデルは学部，学科がその専門領域での知識や技能を習得するのに必要であると考えて作られたものにすぎないからです。

多くの学生は疑いもせず示された履修モデルにしたがって登録を済ませ，履修していくでしょう。しかし，示唆されている履修モデルについて疑問を抱いている学生に対して，そもそも，履修すべきであるとして示されている各科目はどのようなつながりになっているのか，また，必修科目，選択必修科目，選択科目の関係はどうなっているのかなどを，学部，学科が説明すべきです。

さらに，一人ひとりの学生はそれぞれ履修モデルの枠を超えたところで，授業をとりたいとしているに違いないのです。特に，自ら不本意入学を意識している学生には自分なりの「統合（integration）」した履修計画を持たせたいのです。個々の学生の希望を聞き入れて，学部，学科

の作成した履修モデルを修正できるようにしたいのです。結論的に言えば，学生たちを主体的で，かつ，能動的な学習者に育てるために，この統合に焦点を当てるべきです。

このところ話題になっている「学修時間」の問題ですが，たしかに，アメリカの大学に比べ，日本の学生は授業の予習や復習に使う時間は極めて少ないことはたしかです。大学では「学習」ではなく，「学修」であって，大学の原点に返って，学生たちの学習時間を長くしようと計画しているようですが，この対応は外から拘束するという，必ずしも，望ましい手立てではないと思われます。それよりも，学部，学科に一人ひとりの学生の学習に対応した相談機能を持たせることが必要でしょう。

学習経験を統合するのは「私」である

もう1つ重要なことは，それぞれの科目へのガイダンスです。

視点を絞って，一人ひとりの学生がどのように全学共通科目，専門基礎科目，専門科目での授業で取り扱われる知識を理解し，自分のものとしていくか，ということですが，構築主義は，上に見てきたように，知識はその時代の社会的，文化的産物にすぎないととらえています。同時に，「個性的」構成主義では，知識の受け入れ方は，一人ひとり，極めて個性的であると考えているのです。大学で学ぶ知識を常に批判的に見ると同時に，学習者自らの内にあっても，一つひとつ，「仮に」受け入れ，「納得」しながら受け入れていると考えているのです。このことを「統合」と名付けておきたいのです。

この統合をサポートすることが最も重要なガイダンスということです。現状では，全くと言っていいほど，サポートする機会が提供されていません。いや，その必要性に誰も気づいていないと言ってよいのではないでしょうか。

5　教師の役割は講義するだけでなく，学生の探究活動を支援することである

「シラバス（授業計画案）」を立案することに始まる

　良い方向かどうかはわかりませんが，日本でも，大学を研究大学（research university）と教授大学（teaching university）に分離しようとする動きが加速してきています。言うまでもなく，前者では，教師は研究活動により重点を置き，後者では，教えることにより力点を置こうと言うのです。すでに，旧1期校と呼ばれた大学は大学院大学と呼ばれ始め，前者の色が濃厚になってきています。教授の肩書も大学院大学教授となりつつあります。

　ここではこうした大学院の教師の役割を問題にしていません。ごく一般的に，学部で授業を行っている大学の教師の役割について，考えたいのです。改めて言うまでもなく，大学教師の第一義的な役割は「良い授業」をすることです。第1章で見てきたように，学生たちは「一方的な講義式授業」に辟易しています。なにより，学生たちが参加し，企画する「双方向な授業」を強く望んでいます。したがって，そうした授業を創りだすことが，最も重要な役割です。その意味でも，本書はそのための手がかりとなってほしいと願います。

　しかし，このあまりにも当然すぎること，すなわち，「良い授業」を創ることが大学教師の第一義的な役割になっていないのです。学校教育の段階でもそうですが，いろいろな理由から，教える（teaching）ということが必ずしも評価されていないということです。むしろ，人気のある教師の授業は学生に迎合している授業と取られかねないのです。とても不思議な現状です。

　私はウイスコンシン大学の2つのキャンパスで1968年から1972年まで

第3章　構築主義をベースにして，新しい教授学を構築する

学んでいます。最初の2年間はいわゆる研究大学で学びました。そこには付属研究所も多く，常に，大学には1，2名のノーベル賞受賞者がいました。後の2年間は教授大学で，TAをしながら学びました。毎年，学生の投票で『その年の最高教授者（Teacher of the year）』が決められていました。教授大学で学んでいた1971年，この栄誉に浴した教師は，たまたま，授業を履修していたので，選ばれる理由がよくわかりました。一口に言えば，授業が「うまい」ということですが，その「うまい」という内実はじつに複雑です。言えることは常に学生の質問に丁寧に，学問的に深く，的確に，しかも，愛想よく答えていたことでした。もちろん，この栄誉に浴したことは，大学が行う，その教師の個人評価に反映されます。日本との違いを感じた大きな事柄でした。

　第7章と第8章で触れるつもりですが，「良い授業」のためのコース・シラバス（授業計画案）を立案し，自分が納得する授業をすることです。このことが大学教師の第一義的な役割です。

次に，授業のための学習環境を準備することである

　このことについては，第5章と第6章で詳しく述べるつもりですが，あえて，ここで強調しておきたいと思います。なぜなら，従来からの講義式授業には「学習環境」という概念が全くというほど欠落しているからです。

　教育の世界には，教育環境を「美化しておく」という概念は常にあります。すなわち，教室を整理整頓しておくことには特に注意してきていますが，しかし，学習活動とかかわって，学習活動を刺激し，促進する学習環境という概念はありません。

　そこに行けば，学習意欲が生じるような物的学習環境を備えた学習の場が全くありません。しかし，特に自学自習という学習活動にとって，物的学習環境は必要不可欠です。ある意味で，図書館はそうした場所で

あります。さらに、そこに行けば、学習活動に使うことができる多種多様な「学習材」が用意されている学習の場が必要です。図書館もそうした場に違いないのですが、もっと専門化された「学習センター」「情報センター」が望まれます。

　同時に、人的学習環境が整えられた学習の場も必要です。もちろん、担当教師は欠かせませんが、学習を支援してくれる専門家やアシスタントが重要な役割を果たしてくれるはずです。さらに、大学の外の専門家の支援が得られれば、学習活動が促進されていきます。

　担当教師は自分の立案した授業が成り立つような学習環境を準備することが求められてきます。伝統的な講義式授業を行う教室は黒板があるだけでした。今では、テレビやOHPなどのアナログ型の提示装置に加えて、パワーポイントによる提示が一般的になってきています。しかし、学生たちが小グループで、あるいは、一人で学習するようになると、学習活動を刺激し、促進する学習環境が不可欠となります。

個別に指導、助言活動を行うことである

　伝統的な講義式授業では、教師は受講している学生たち全員を対象にして、口頭で話しかけることになります。テレビ、OHPやパワーポイントを使う場合でも、学生たち全員を対象に語りかけていきます。たとえ、プリントのどの資料を使って授業をする場合でも、同じです。前章で創りだした5つの「講義」モデルによる授業は、あくまでも、原則は一斉指導です。

　それに対して、5つの「演習」モデル（66ページ参照）による授業では、原則として、学生たちは小グループか、一人で学習していき、教師は彼らに個別的に指導し、助言を与えていくようになります。学生たちを個別に支援していくと言いかえてもよいのです。

　こうした個別指導や個別支援には、場所と時間が必要です。上に述べ

たように，学習センター，情報センターが必要です。授業時間中に個別指導や個別支援を行うことは言うまでもありませんが，オフィスアワーに研究室に来た学生に，あるいは，アポイントメントを取ってきた学生に個別指導や個別支援を行うことになります。

第4章
学習者の主体性，創造性を育てる新しい教授学を構築する

　この章は第3章と対になっています。前章では，従来からの講義式授業を学生の言う「良い授業」に作り変えるために，「教育内容」である知識に力点を置いて，構築主義の立場から教授学のあり方を考え直したつもりです。この章では，さらに進んで，学習者である学生の主体性，自主性を育てるという立場から「教育方法」に力点を置いて，考え直したいのです。

　第2章で，大学の授業を「参加型」講義と「参画型」演習に分けてみました。前者では，あくまでも，授業者である教師が授業で取り扱う教育内容をコントロールしています。それに対して，後者では，学習者である学生が教育内容とともに教育方法をコントロールしていきます。「参画型」演習では，学習者である学生たちが授業で取り扱う教育内容と教育方法の決定に参画していくのです。ここでは，この「参画型」演習を念頭に置いて，考えていきたいと思います。

　学生が教育内容と教育方法の決定に参画していくとは，学生が自ら課題探究学習を行うということです。すなわち，自ら学習課題を作り，作った学習課題を自ら探究していくことを意味します。

　ここでは，課題づくりの手法としてウェビング（webbing）を考え，探究のプロセスを「原因感覚」と「メタ認知（meta-cognition）」を育成するという観点からとらえ直してみようと試みます。なぜなら，疑いもなく，学習者が学習課題をめぐって，学習活動の全体を見通し，課題解決のための情報を収集し，一定の結論を得ていく課題探究活動のプロセスの中でこそ，学習者の主体性と創造性が育まれる，と考えるからです。

1 そもそも，学習に主体的，創造的にかかわるとはどういうことなのか

聞いて学ぶ講義と翻訳して学ぶ演習だった

　今では，「ラーニング・バイ・ドゥーイング（learning by doing）」という原理を知らない人はいないはずです。しかし，現実の大学での授業を見る限り，どこにこの原理が働いているか，と疑いたくなります。繰り返しますが，授業はもっぱら講義式授業で，講義はもちろんのこと，演習と言われる比較的少人数のゼミ形式の授業でも，教師による口頭による講義という場合がほとんどです。

　言いかえると，授業とは，たとえ，OHPやパワーポイントを用いる場合でも，指導に当たる教師の「口頭」による話ということなのです。そこでの学生の「ドゥーイング」とは，教師の口頭による話に静かに耳を傾け，話の内容を頭の中で理解するという行為です。

　言うまでもなく，話に耳を傾けるという行為が悪いわけではないのです。第1章で見たごとく，学生たちも，いろいろな条件をつけてはいますが，「良い授業」なら，講義式授業も受け入れようとしています。教えるとは伝統的に「口頭」で行う行為を意味してきました。「素読」というあり方がその原型で，教師が読むのをまねて，繰り返し読むことです。口頭で説明する行為が教えることになるのは次の段階です。

　今でもそうではないかと思うのですが，私が日本の大学の学生や院生だった1960年から80年頃，多くの演習（ゼミ）が英語の文献（原書）を読むというものでした。当時の私たちの英語能力のこともあったでしょうが，多くの場合，1年間のコースでも，文献の半分も読み切れなかったのです。学生が読んで，解釈し，教師が解説するというあり方で，まるで英文読解のような演習でした。いわゆる「横のものを縦に直す」授

第4章　学習者の主体性，創造性を育てる新しい教授学を構築する

業でした。まるで，なおも，西洋の科学技術文明に「追いつき，追い越せ」型授業の延長でした。ときには，担当の教師自身の意見や考え方を聴きたいものだ，と思っていました。

「理解」するためには，「ドゥーイング」が不可欠である

「ラーニング・バイ・ドゥーイング（learning by doing）」とは「バイ・ドゥーイング（by doing）」によってこそ理解（understanding）が成立するという原理です。すなわち，手を動かし，体を使って体験的，実践的に活動してこそ学習が成立するということです。

次のフレーズは，教育内容の現代化を目指した，イギリスでのナッシュフィールド（Nashfield）プロジェクトで言われたものと聞いています。

I hear, I forget.
I see, I remember.
I do, I understand.

言うまでもなく，「聞いたことは忘れ，見たことは覚えているが，やったことは理解する」と訳します。なにより，英語の「理解」という意味がとても深いところにあることがわかります。「百聞は一見にしかず」とよく言われますが，私たちがよく使うこの格言は，第2の「見るレベル」で終わってしまっていると言ってよいでしょう。実は，この格言が中国に起源があるということは，意味深長です。

私たちは，「ドゥーイング」しなければ，理解できない人間は「頭が悪い」と考えてきているのではないでしょうか。「1を聞いて，10を知る」人間こそ「頭がよい」と考えられているように思われます。

私が，この格言を目にしたのは，帰国して間もない1975年ころで，甲府市にあるオープン保育を行っていた幼稚園においてでした。その時，

テキサス大学オースティン校の教師の通訳として，この幼稚園を訪問していたのです。英語のフレーズだったので，この教師に聞いてみましたが，知らない，との返事でした。数年して，何かの機会に，当時都立教育研究所の所長をされていた北沢弥三郎先生から，中国の『説苑』(前漢時代の劉向著)に同じようなフレーズがあると教えていただきました。

　　　耳聞之，不如目見之。
　　　目見之，不如足践之。
　　　足践之，不如手辨之。

　この劉向の漢字のフレーズも「バイ・ドゥーイング (by doing)」を強調しています。目で見るだけでなく，足を運び，行い，手を使って，識別することの重要性を強調しています。よく知られているように，「ラーニング・バイ・ドゥーイング」という教育方法の原理はJ．デューイによって学校教育の世界に持ち込まれたのですが，洋の東西を問わず，しかも，古代から，この原理が強調されてきたことを知り，感動した次第です。

　復習になるのですが，大切なことですので繰り返しておきます。第2章で，現在の教師中心の講義式授業を学生が学習活動に参加し，企画する授業へと変革してみました。

　まず，今日の講義を次の5つのモデルに作り変えることを提案してみました。「講義＋質疑」「アサインメント＋講義」「視聴覚教材＋講義」「グループ学習＋講義」「ダイアローグ型講義」です。

　また，今日の演習を次の5つのモデルに意識的に変革してみました。「マイペース型演習」「課題選択型演習」「個人探究型演習」「ワークショップ型演習」「自由探究型演習」です。

　「参加型」講義は，「聞くこと (hearing)」をベースにしながらも，「見

第4章　学習者の主体性，創造性を育てる新しい教授学を構築する

ること（seeing）」を一部に加えました。それに，主に小グループで「行うこと（doing）」を加えたものとして構想したつもりです。それに対して，「参画型」演習は，その名の通り，一人あるいは小グループで「行うこと」をベースに，「聞くこと」，「見ること」，「行うこと」を加えて，構想しました。

現実は「ドゥーイング」が「追試」に陥ってしまっている

いや，それは誤解も甚だしく，今では，授業は常に「ラーニング・バイ・ドゥーイング」で行われている，と言われそうです。どの教室にも，テレビジョンがあり，スクリーンが備え付けられていて，常に「見ること」が行われています。特に，理科の授業では，実験が行われ，目で見るだけでなく，手を使って，体を使った操作活動（hands-on activity）が展開されているはずです。今では，ゲームやシミュレーションなど操作活動が盛んに行われてきているではないかと，反論されそうです。

問題は，こうした「ラーニング・バイ・ドゥーイング」による授業が，教師が説明したこと，教師が行ったこと，特に教科書に書いてある公理や定理を「追試」することになっている点にあるのです。言いかえると，教師が説明したこと，教師が行ったこと，教科書に書いてある公理や定理について，「なるほどそうか」と後からなぞり，納得する行為になってしまっている点です。あえて言えば，教師が「ドゥーイング」しているのであって，学生は教師が「ドゥーイング」しているのを「確認している」にすぎないのです。ここには，学習者の主体性や創造性を育む契機がほとんど存在しないのです。この点に気づくべきです。

第2章の最後のところで述べたように，高等学校までの教育は「通説や常識」をしっかり学び，大学教育では，それを「疑う」という2段階論は，たしかに，高等学校までの教育と大学教育のそれとの違いをはっきりさせました。それによって，大学教育の役割を特定したことは意味

があるとしても，両者は連続した過程として，位置付けるべきです。こんなことが堂々と言われることに，違和感を覚えます。

　はっきり言って，こうした考えが高等学校までの教育での「ラーニング・バイ・ドゥーイング」を「追試型」に追いやってしまっていると言わざるを得ないのです。他方，大学教育での「ラーニング・バイ・ドゥーイング」についてどう考えるべきでしょうか。

2　「なぜ，どうして」と問うことが学習者の主体性，創造性を育む

「深い」問いから始める

　学校教育の段階では，「なにか（what）」と問うことがあまりにも多いのは，高等学校までの教育は「通説や常識」をしっかり学ぶことという考え方に理由がありそうです。同時に，何度も述べてきたように，「まずはきちっとした知識があってこその創造活動である」というもう1つの俗説に理由がありそうです。しかし，本来，学習活動は「なぜか（why）」と問うことと切り離すべきではないのです。課題探究学習は「なぜか」と問うところから始まるべきです。

　このことも，よく知られていることなのですが，子どもは4，5歳になると，どんな子どもでも，「どうして（why），どうして」と親に問うようになります。多分，国を越えて，人種を越えて，こうした現象が見られるに違いないと思います。親は，子どもが何事にも「どうして」と問うので，適当に答えていきます。なにか，子どもは親との会話を楽しんでいるように見えるのです。言葉が使えることが楽しいのでしょう。よくわかりませんが，また，いつの間にか，「どうして」とは問わなくなって，消えていくようです。私は，4，5歳という発達のごく早い段階で，子どもたちが「どうして」と問うこの現象を見て，「なぜか」と

第4章 学習者の主体性，創造性を育てる新しい教授学を構築する

問うことは，種としての人間の特性ではないかと思っています。

　大学教育段階も，「なにか」と問うのではなく，「なぜか」と問う授業に変革すべきです。いや，大学での授業こそすべて「なぜか」という問いから始まるべきです。

　誰でも知っているように，英語の疑問形には，「YES か，NO で」答えられるものと，いわゆる WH 疑問文と呼ばれるものと 2 つがあります。後者には，What, When, Where, How と Why で始まる疑問文があります。このうち，What, When, Where, How 疑問文に対する答えは，ときに少し長い説明になりますが，事実（fact）で答えられるのです。もちろん，間違った事実と正しい事実の間の線引きは容易ではない場合がありますし，事実そのものが曖昧な場合もあります。しかし，ここでは，正確さが求められます。それに対して，Why 疑問文に対して答えるのは容易ではないのです。「なぜか」と問われているのですから，方法や手段だけでなく，目的や理由を答えなければなりませんし，後者の目的や理由には，個人的な価値観や見方・考え方が反映している場合が多いのです。ここで問われているのは，合理性であり，その一貫性であり，ときに個性的な着想を含みます。

　この違いはとても大きなものです。学習への主体的，創造的なかかわりなしには，「なぜか」という問いには答えられないのです。言いかえれば，静かに教師の話を聞いているだけでは，What, When, Where, How という疑問文に対して答えられても，Why という疑問文に対して答えられないのです。私の言う「個性的」構成主義（personalized constructivism）はこのことを原理としているつもりです。

　「人類の文化遺産」の継承という系統主義の教育課程の中で，「なにか」と問われ続けてきましたが，「なぜか」と問うことを軽視してきたのです。学習に関するバンキング・モデル（banking model）と呼ばれるのですが，「銀行にお金をため込む」ように，「頭の中に，せっせと，

知識をため込んできた」のです。それこそ，基礎的知識のないところに，創造性は育たないというわけです。(P. フレイレ『被抑圧者の教育』亜紀書房，1979年，第2章)

全体が見通せないところでは，主体性，創造性は発揮できない

当たり前のことですが，暗闇の中では人は動くことができません。1つの方向から光がさして来れば，その光の方向に人は動いていきます。全体が明るければ，どちらの方向に進むべきか，人は考えるに違いないのです。情報公開の重要性もここにあります。

小中学校の授業はもちろんのこと，大学の講義式授業でも，方向は教師だけが知っているのです。ちなみに，小中学校の教師の方は，年間指導計画，単元指導計画を作成し，授業に臨みます。したがって，教師は何を目指して，何を用いて，どんな順序で教えるのか，熟知して指導に当たっているはずです。他方，大学の教師は，「講義ノート」を準備して，講義に臨みます。したがって，小中学校の教師と同様に，講義の目的，教材，スケジュールを知っていて，講義しているのです。

それに対して，小中学校の子どもたちには，授業の全体像が与えられていません。その時間その時間に，多くのことが小出しで，与えられるにすぎません。教師が教室に入ってきて，今日の学習課題を提示して，初めて今日学ぶべき事柄を知るといった状況です。たしかに，授業の最後に次時の予告をする教師もいますし，本時の授業の初めに，前時の復習をする教師もいます。こうして授業と授業をつなぐことは，よく行われると言ってよいでしょう。しかし，単元や教科の全体像について，子どもたちに意識的に知らせている教師は，皆無です。同じことが，大学生についても言えるのです。

第7章で詳しく見ますが，とてもそう意識されているとは言い難いのですが，今日やっと，日本の大学でも一般的になってきている「シラバ

第4章　学習者の主体性，創造性を育てる新しい教授学を構築する

ス」は学生たちに学習活動の全体像を授業の最初の段階で示すものです。なぜ，このことが問題にならないで今まできたのか，とても不思議です。

　かつて，歴史の授業で徳川家康の言葉と聞きましたが，「百姓は知らしむべからず，依らしむべし」という江戸時代の統治政策にかかわる言葉を習いました。この言葉の意味が長い間わかりませんでした。現代流に言えば，情報開示しなければ，人々はどう判断してよいのかわからず，「寄ってくる」ということです。

　実は，小中学校だけでなく，大学でも，学習者は教師に「寄ってくる」存在の位置に置かれてきたのです。このことに，気づいてこなかったことは，とても不思議です。

　第1章でも述べましたが，私は大学で教えるようになって以来，最初の授業に，Ｂ4判かＡ4判1枚のシラバスを学生たちに渡し，コースの概略について話してきました。とは言え，ほとんどの学生は，シラバスに目をやることなく，毎回授業にやってきていることはよく知っていました。時折，「今日の授業は何をやるのだったっけ。シラバス見てきたかな」と皮肉を言って，注意を喚起してきました。

　最後の3年間教えた大学では，学生たちが最後の授業のとき，無記名で授業評価をしていました。その中で，かなり多い学生の不満は「加藤先生の授業は1つ1つの授業のねらいがはっきりしていない」というものでした。言えることは，シラバスにはっきり書いてあるのですが，学生たちはシラバスを見て来ない，ということです。また，授業の初めに，必ず，今日の授業のねらいを言っているのですが，遅刻して来たり，がやがやしていて，聞いていないということです。

3 「学習課題づくり」を主体的, 創造的に行う

「参画型」演習は学習課題を作るところから始まる

　人間が最も意欲的で, したがって, 主体的, 創造的である時は, 「自分がやりたいと思うことが, 自分の思うようにやれる」時です。「参画型」授業はこのことを, 段階を追って保証していく授業です。

　第2章で,「参画型」授業として, 5つの演習の形を考えました。最初の2つの演習, すなわち,「マイペース型演習」と「課題選択型演習」では, 依然として教師が一定のところ教育内容をコントロールしていて, 教師がコースの学習に適切であると考える学習課題を学生たちに示していきます。

　「マイペース型演習」では, 教師から1つの学習課題が学生に提示され, 学生は, 自分のペースで自学自習していきます。もちろん, 学生たちが相談し合って学習することは好ましいことです。

　それに対して,「課題選択型演習」は教師から複数の学習課題が提示され, 学生はその中から1つあるいは2つの学習課題を選択し, 自分なりあるいは自分たちなりに学習していくあり方です。

　次の3つの演習, すなわち,「個人探究型演習」,「ワークショップ型演習」「自由探究型演習」では, 学生たちが教育内容と教育方法の決定にヘゲモニーを発揮し, 学習課題とともに学習方法も自ら決めていくことになります。したがって,「参画型」授業である演習では, どのようにして, また, どんな学習課題を作りだすか, 大きな問題です。

最初のステップとして「動機づけ」が重要である

　結論的に言えば, 学習意欲は, 学習活動の最初のステップにかかっています。この最初のステップを「動機づけ」のステップと名付けておく

と，ここで学生たちに「やりがいがある」「意味がある」と感じさせることが「すべてである」とまで言っておきたい。そのために，十分時間をかけて，「動機づけ」を行う必要があります。

多くの教師が学生たちの学習意欲の低下を嘆いています。『私立大学教員の授業改善白書』（私立大学情報教育協会，平成23年5月）によると，4年制私立大学の教師の40.7％が「自発性の不足（自発的に質問・発言しない）」を嘆き，続いて，36.8％が「学習意欲の低下」を嘆くと続きます。しかし，ただ嘆いているだけで，こうした嘆きに何か有効な手立てを講じているようには見えないのです。

私に言わせれば，大きくは学生たちに教育内容の領域はもちろんのこと，教育方法の領域についてすらヘゲモニーを与えて来なかった結果というわけです。学生たちは，それこそ，通説や常識を得るためにひたすら教師が伝達してくれるのを「口をあけて，待って」来たからです。知識は教師から伝授されるものというわけです。

小学校から高等学校まで，12年間にわたって，教師が中心になって計画してきた授業を経験してきた大学生たちに「このコースで学習したいことは何か」と問うても，返ってくる答えは「ない」とか，「わからない」でしょう。端的に，「何をやってもいい」と言われると，何をやっていいのか，困惑するばかりでしょう。

したがって，コースへの「動機づけ」は極めて重要で，そのことが次の課題づくりにつながっていくべきです。まず，シラバスを使って，最初の授業で，教師は担当する科目の意義について語るべきです。科目の目的，特色，他の科目との違い，さらに，この科目を学習した結果どんなことに役立つのか，自分はこんなところが面白い点だと考えているとか，語るべきです。

また，今日では，担当する科目にかかわる印刷教材やAV教材があります。こうした教材を活用して，「動機づけ」を行うとともに，「課題

づくり」につなげていきたいのです。

　すなわち，最初の「動機づけ」の中で，学生たちに「こんなことについて学習していきたい」「こんなことが意義ありそうだ」という学習への準備をさせたいのです。

ウェビング手法で「課題づくり」をする

　次に，具体的にどんな学習課題について学習すべきか，授業に参加する学生たちで話し合って決めることを考えたいのです。そのための手段として，ウェビング（webbing）という手法を活用してみたいのです。

　演習参加の学生の数によって，教師が中心になって，黒板を使って全員でウェビングしていく場合もあれば，小グループに分かれて，グループごとにウェビングしていく場合もあります。

　ところで，コンピュータ時代を迎え，ウェブ（web）という言葉が一般化しています。WWWはWorld Wide Webのことでありますし，Webサイトという言葉も今や知らない人はいないと言ってよい。ウェブは「クモの巣」という意味です。したがって，ウェビングとは「クモが巣を張っていく」行為です。

　翻って考えてみると，一般企業などで用いられてきたKJ法やブレインストーミングといった手法もウェビングの一種であると言ってよいものです。

　参加者がある1つのテーマ（theme）あるいは課題（task）について，考えていること，あるいは思っていることを持ち出してみます。実行可能性だとか，諸条件だとかいうことは考えないで，自由な思いつきも含めて述べていきます。リーダーが，これらを黒板や大きな紙に整理していきます。

　整理の仕方は，「ルーレグ（Rule・Example）法」を用いて，関連していると思われる事柄（事実，事例）を1つひとつの「かたまり」（ル

ール，一般化）にまとめていきます。その結果，1つのテーマあるいは課題について，いくつかの「かたまり」と，それを支える一連の事実が識別されていきます。

こうした手法を大学の「参画型」授業，すなわち，演習でも活用したいのです。

ウェビング手法で学習課題の全体像を描き，見通す

たとえば，教育学科の専門科目である『教育課程（カリキュラム）の編成』という演習を考えてみたいと思います。コースの最初の3時間をとって，学習課題づくりをすることとします。

第1時間目は，上で述べたように，シラバスを用いて，この科目の目的，特色，他の科目との違いなどについて説明します。その時，同時に，教育課程にはどんな問題があるのかについても，具体的に話すとよいでしょう。

次の2時間を使って，どんな学習課題について学習していきたいのかについて意見を出し合って，ウェビング手法を活用して自分たちの学習課題を作っていきたいのです。

出来ることなら，ウェビングには多くの時間を割きたいのです。つまり，課題づくりには数時間かそれ以上かけたいものなのです。しかし，大学の演習では通常3時間くらいでウェビングをしないと，全体の学習時間のバランスが崩れてしまいます。

ウェビングは2段階で行うことになります。

第2時間目は第1段階で，演習に参加した学生全員で，おおざっぱなウェビング図を描きます。

たとえば，次ページの図4のようなウェビングがなされたとします。言うまでもなく，ウェビング図は参加する学生たちによって，常に，毎学期違うものになります。

```
        ┌──────────────┐
        │ 総合的学習の │
        │ための教育課程│
        └──────┬───────┘
               ↑
┌──────────┐  ┌──────────────┐  ┌──────────┐
│小学校での│  │経験主義に基づく│  │現代化時代の│
│教育課程  │  │教育課程づくり │  │教育課程  │
│づくり    │  └──────┬───────┘  └──────────┘
└──────────┘         ↑                ↑
     ↑               │                │
┌──────────┐  ┌──────────────┐  ┌──────────┐
│学校レベルの│⇐│カリキュラム  │⇒│国レベルの │
│教育課程  │  │づくり        │  │教育課程  │
│づくり    │  └──────┬───────┘  │づくり    │
└──────────┘         ↓          └──────────┘
     ↓                                ↓
┌──────────┐  ┌──────────────┐  ┌──────────┐
│中学校での│  │系統主義に基づく│ │個性尊重時代│
│教育課程  │  │教育課程づくり │  │の教育課程│
│づくり    │  └──────┬───────┘  └──────────┘
└──────────┘         ↓
              ┌──────────────┐
              │理科の教育課程│
              └──────────────┘
```

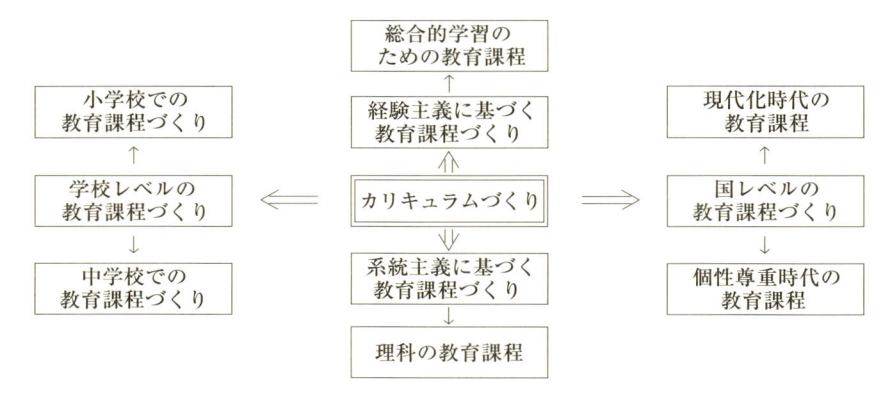

図4　『教育課程（カリキュラム）の編成』のウェビング

　この事例では，左に「学校レベルの教育課程（年間指導計画，単元指導計画）づくり」を，右に「国レベルの教育課程（学習指導要領）づくり」を並べ，上に「経験主義に基づく教育課程づくり」を，下に「系統主義に基づく教育課程づくり」を置いてみました。とりあえず，4つの学習課題のテーマが決まったとして，学生たちはどれか1つのテーマを選び，グループを作ることになります。

　第3時間目は第2段階で，グループごとに自分たちのテーマについて，「より詳しい」ウェビング図を作る段階です。この第2段階はかなり時間が必要です。したがって，この段階を「アサインメント」として課すのも1つの方法です。

探究のための素材とスケジュールについても，同時に考える

　第3時間目の第2段階で，各グループは「より詳しい」ウェビングを行いますが，このときには，同時に，探究に必要な素材やスケジュールも考えるべきです。言いかえると，ウェビング図にでてきたテーマはそのままでは課題にはならないということです。次の3つの条件があってこそ，それぞれのテーマは学習課題になるのです。

第4章　学習者の主体性，創造性を育てる新しい教授学を構築する

(1)　まず何よりも，「探究したいとして作り出した学習課題を通して，コースが目指しているねらいが達成できるのかどうか」という条件です。

　言いかえると，何のために，どんな方向で追究すべきか，検討する必要があります。「仮説を立て，見通し」をつける，と言ってもよいのです。

(2)　次に，探究したいと言っても，探究のために必要な「素材，資料，情報」がなければどうしようもないことです。したがって，素材や資料や情報の存在場所を確かめる必要があります。

　コンピュータで検索して，あるいは，図書館で，どのようなものがどこにあるのか「当たり」をつけておく必要もあります。また，専門家に聞くにしても，どんな機関に行くべきかをはっきりさせておかなければなりません。

(3)　最後に，探究する手順あるいはスケジュールを決めることです。

　どのサブ課題から入り，次にどのサブ課題に行き，そこにどれだけの時間をかけるかというように，グループで手順やスケジュールを決めなければならないのです。

　これら3つの条件が満たされてこそ，ウェビング図上のテーマは学習課題となるのです。このプロセスを「学習課題づくり」と呼びます。

「学習ガイド」に書き込み，役割分担して探究する

　演習に参加した全員で，コースの初めに，ウェビング図を描くとき，黒板が便利です。書いたり，消したりできるからです。しかし，次の授業にまで続いて，ウェビングを行う時には，大きな模造紙のようなものの方が，途中までのウェビング図を残しておけるので，より好都合です。こうしたことは，演習に参加する学生の人数にもよるし，演習を行う場所にも，左右されます。

他方，第6章で詳しく述べる予定ですが，学生たちは「学習ガイド」と名付けたシートを持っていて，学習課題を整理し，いろいろな情報をメモし，学習活動のスケジュールを決めていくことになります。続いて，探究活動に入ります。

4 「ポートフォリオ評価」は活動全体の姿を反省する機会を提供する

プロセス評価のための「ポートフォリオ」を作成する

ごく一般的なコースでは，学期の途中で行うテストあるいは中間レポート（midterm report）と，学期末に行うテストあるいは最終レポート（final report）でA，B，C，Dという成績をつける「プロダクト評価（product assessment）」をしています。これは一般的に行われてきている評定（grading）という行為です。

第1章で述べたように，私も『教育方法』，『教育課程学』のコースで，こうした成績のつけ方をしてきました。工夫したのは，そこで詳しく述べたような学生による自分自身の学習についての「自己評価」でした。

今日ではこうした評定という総括的な評価ではなく，学習活動の過程を評価対象とする「プロセス評価（process assessment）」が重視されてきています。そのために，学習活動の記録を集積しておく必要があり，集積したものを「ポートフォリオ（portfolio）」と言います。ポートとは港で，フォリオとはファイルで，昔，港では船が積んできた品物を数え記録していたところから来た言葉です。また，現代では，画家たちがデザインから始め，絵を書きあげるまでの足跡を集めたファイルを意味します。

すべての学習活動を記録し，ファイルしておくことはできませんし，また，その必要もないのですが，何をファイルしておくべきか，考えな

第4章　学習者の主体性，創造性を育てる新しい教授学を構築する

ければならないところです。先に述べたウェビング図を含め「学習ガイド」は重要な記録物です。課題を探求する過程で得た情報や情報を得る過程で得た経験をメモしたものも，重要です。もちろん，探究の結果をまとめたレポート，あるいは，制作したものも，活動記録となります。

　現実的には，学習活動の記録をできる限り取っておいて，最後に，選択して，「圧縮ポートフォリオ」を作ることになるでしょう。

「メタ認知」の育成を目指した「振り返りシート」を加える

　次に，ポートフォリオに「メタ認知」の育成を目指した「振り返りシート」を作成し，加えることが重要になります。

　図5のようにメタ認知（meta-cognition）とは，学習活動の全体を見通した俯瞰的な反省的思考（reflective thinking）と言えます。すなわち，自分の，あるいは，自分たちの学習活動を意味あるもの，意義あるものにしていくために，常に，学習活動の全体に気を配り，学習活動の進行を図る反省的な行為です。

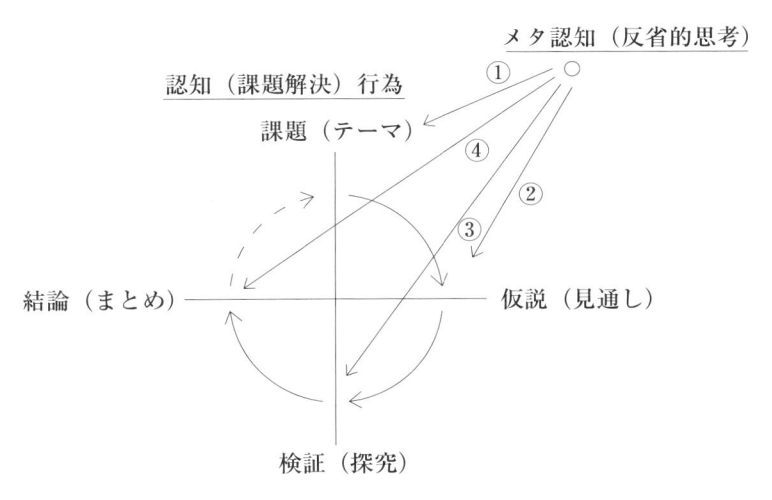

図5　課題探究活動の二重構造

「メタ」とは高次元という意味です。したがって，「メタ認知」とは認知する行為を高い次元から，第三者的に，鳥瞰的に，眺めているもう1つの認知する行為ということです。そのためには課題探究活動を二重構造として位置付けることになります。
　課題探究活動は，
　　「課題づくり」⇒「仮説の設定（見通しを立てる）」⇒「追究活動」
　　⇒「結論づけ」（⇒「新しい課題」）
というプロセスで進行します。もちろん，⇒のように一方方向に進行することはむしろまれで，行ったり，戻ったりしながら進行します。これが物事を知るという認知行為です。学習への主体性や創造性を育てるためには，この認知行為を第三者的に，鳥瞰的に眺めている「もう一人のクールな自分」を育てる必要があるのです。

課題探究活動の3つの場面で反省的思考を行う

　課題探究のプロセスの次のような3つの場面で，反省的に思考する中でこそ「メタ認知」が育つものと考えます。その際，「振り返りシート」が用いられます。反省的思考は次のような点をめぐって，自分であるいは自分たちで，自問自答することです。

(1)　課題づくり・仮説の設定が終了した場面で，次のように自問自答する。
- 探究することにした課題は自分が，あるいは，自分たちが本当に探求したいものかどうか。
- 探究する意味，意義について納得しているのかどうか。
- 探究活動について見通しがどこまで立っているのか。どの時点で立ち止まり，考え直す予定なのか。
- 今のグループで探究できるのかどうか。役割分担は適切かどうか。
- 探究活動の時間は十分かどうか。足りない場合はどうするのか。

第4章　学習者の主体性，創造性を育てる新しい教授学を構築する

- 探究活動のための場所はどうするのか。
  (2)　**探究活動のどこかで，一，二度，次のように自問自答する。**
- 情報は十分得られたかどうか。適切な情報かどうか。
- 情報に偏りはないか。多様な情報かどうか。
- 足りない情報について，だれが，どのようにして収集するのか。
- 情報は適切な推論に基づいて，解釈され，関係づけられているか。
- 推論とそこから導いた結論に無理はないかどうか。
- どこが，自分が，あるいは，自分たちが「創意工夫」した点か。
- 振り返る時間がしっかり確保されているかどうか。
  (3)　**結論を導いた最後の場面で，次のように自問自答する。**
- 導いた結論に，自分はあるいは自分たちは満足しているのかどうか。
- 部外者に導いた結論について意見を求めたかどうか。
- 最初に立てた見通しとずれを吟味したかどうか。
- 導いた結論を発表するための手段は適切かどうか。
- 批判や反論は適切なものかどうか吟味したか。
- 探究の時間は十分であったのかどうか。
- ティームワークは十分機能的であったかどうか。
- 残された課題が明確になったか。

　具体的には，仮説の設定を含んで課題づくりが終わったところで，(1)の点について自問自答を行う機会を作ることになります。
　「個人探究型演習」モデルや「自由探究型演習」モデルのように一人で探究していく学習では，「振り返りシート」を用意しておいてもよいかと思います。
　それに対して，「課題選択型演習」モデルや「ワークショップ型演習」モデルのように小グループで学習していく場合は，(1)で示した点について，話し合いを通して振り返ればよいのではないかと思います。

同じように，探究活動の途中で，(2)の点について，結論を得た段階で，(3)の点について，自問自答を行う機会を作ることになります。

評価は認知行為とメタ認知行為を重ねて行う

課題探究活動は先に述べたように，課題の解決を目指して，

　　「課題づくり」⇒「仮説の設定（見通しを立てる）」⇒「追究活動」
　　⇒「結論づけ」（⇒「新しい課題」）

というプロセスで行われます。

活動の様子を示すウェビング図，学習ガイド，取材メモ，写真などをファイルしておきます。

同時に，上で述べた課題探究活動の３つの場面で，探究活動の全体に気を配り，探究活動を第三者的に，鳥瞰的に眺めたメタ認知についての振り返りシートを残しておきます。

評定は最後にできたレポートや作品をめぐって，シラバスに示した目標を基準として，教師が行うことになりますが，その際，探究活動のプロセスをファイルした「ポートフォリオ」を考慮することになるでしょう。

シェークスピアの作品名にあるように『終わりよければ全てよし』という評価が一般的です。しかし，終わりに到るプロセスが評価されてこそ，主体性や創造性が育つはずです。

探究活動の中で，自分なりに創意工夫したこと，新しく発見したこと，人から褒められたこと，逆に，批判されたことなどについて焦点を当てて評価したいものです。

別な言い方をすると，評価活動に「ストーリー性」を与えることになるのです。たしかに，最後にできたレポートや作品は重要な評価対象です。しかし，同時に，レポートや作品ができてくるプロセスにも焦点を当てて，評価はなされるべきです。

第5章

ICT時代にふさわしい，豊かで多様な学習環境を用意する

　学習者は学習環境と格闘しながら学習していきます。学習環境は人的な学習環境と物的な学習環境から構成されています。言うまでもなく，前者は教師や友だちであり，今日では，学習活動について相談に乗ってくれるTA（teaching assistant）や図書館の司書や町の専門家です。後者は何より教室や図書館であり，今日では，コンピューターやタブレット型端末などのICT（Information and Communication Technology；情報通信関連技術）です。

　従来からの講義式授業は人的な学習環境，特に，教師に全面的に依存してきました。言いかえると，教育の質を規定するのは教師というわけでした。たしかに，基本的には，今日もなお教育は教師次第です。しかし，ICT時代を迎えて，学習者の主体性や創造性を育てるためには，教師の役割は学習者の学習活動を「支援」する方向に変わっていかなくてはならないはずです。それに伴って，物的な学習環境がますます重要になってきています。学習者は，ますます，豊かで，多様な視聴覚教材や操作教材を活用し，かつ，コンピューターを活用して得た諸情報を活用して，一人で，あるいは，小グループで学習課題の解決を目指して，探究活動をしていく方向をとるべきです。

　教室さえあれば，教育活動ができるという時代は終わりつつあり，図書館や学習センターが学習の場として重要になってきています。またコンピューターやタブレット型端末はいつでも，どこでも豊かで，多様な情報を得ることができる学習環境となってきています。

1 「マン・トゥ・マン」システムから　　「マン・トゥ・エンヴァイロメント」システムへ

かくも豊かで，多様な教材・学習材がある

　大学には，従来，単行本，百科事典，新聞，写真集，パンフレットなどの印刷教材があり，また，テープ，コンセプト・フィルム，ビデオなど視聴覚教材が豊富にあり，図書館あるいは情報センターに行けば，こうしたオールドメディアを活用することができます。

　しかし，今や，だれでも，パーソナル・コンピューターを持っており，また，スマートフォンを持たない人はいないと言ってよいほどです。タブレット型端末のiPadを使う人も多くなってきています。言うまでもなく，これらのニューメディアには多種多様なソフトが仕組まれていて，私たちを豊かな情報・データに結び付けてくれています。

　とは言え，このような豊かで，多様な教材・学習材が大学の授業で活用されているかというと，否定せざるを得ないのです。今日一般的である講義式授業では，相変わらず教師の口頭による説明，解説，講釈が中心です。なぜ，このような豊かで，多様な教材・学習材が十分活用されず，教師の口頭による講義が授業の中心なのか，とても，興味ある問題です。

　私たちは，第2章で述べた如く，学生たちの言い分を踏まえて，「参加型」講義と「参画型」演習を創ってみました。今日必要なことは，この2つに分けた大学での授業に，このような豊かで，多様な教材・学習材を導入し，十分活用することです。

　「参加型」講義では学生は教師の口頭での説明，解説，講釈を聞くことが求められます。もちろん，今では多くの教師がパワーポイントを使って講義をします。また「視聴覚教材＋講義」モデルのように，テレビ

第5章 ICT時代にふさわしい，豊かで多様な学習環境を用意する

やDVDを使って講義します。他方，学生たちが教育内容や教育方法についてヘゲモニーを発揮するようになる「参画型」演習では，パーソナル・コンピューターやタブレット型端末を使って情報を検索し，収集することになるでしょう。また，意見を交換し，まとめ，発表していく活動にも，こうしたニューメディアを活用するでしょう。

「教師が学生を教える」システム

　学生たちが能動的に学習課題に挑戦することのできる新しい授業を創るためには，大学での教授のあり方について，改めて，根本的に考え直さなければなりません。すなわち，「教師が学生を教える」システムという当たり前だと考えられてきている授業のあり方を問い直すべきです。

　教育とは，コメニウス以来の近代学校制度では，教師が生徒や学生を指導することと考えられてきました。当然すぎるほど当然の話です。教師とは，文字通り，「教える師」です。英語でも，ティーチする人です。この伝統的なあり方を「マン・トゥ・マン（Man-To-Man）」システムと名付けておきます。もちろん，最初のマンは教師で，後のマンは生徒や学生です。（次ページの図6参照）

　断っておきますが，私たちは，この「マン・トゥ・マン」システムを全面的に否定しているわけではありません。繰り返しますが，学生たちも「まっとうな授業」なら受け入れると言っているのです。そのために，講義を「参加型」に改善することとして，教師による講義は残しました。他方，演習を「参画型」に改革したいと考えているのですが，演習でも教師のまとまった講義は時折必要であると考えています。

　しかし，「マン・トゥ・マン」システムをベースにしている講義式授業は，すべて，教師のコントロールのもとにあります。すなわち，教師の指示のもとに，すべてが進行していきます。

　授業は教師の「おはようございます。では，授業を始めます」という

指示で始まります。「では，この図を見て，考えてください。」「はい，このことに関して意見ありませんか。」「はい，○○さん，あなたの意見を言ってください。」こうした教師の指示に応えて，学生たちは発言していきます。話の，あるいは，論理の筋道は教師が握っているのです。ここでは，なんと学生たちは受け身なのでしょう。この事実に，誰も気づいていないのです。

　明らかに，「マン・トゥ・マン」システムは，教師の主導のもとに，教師の意図を貫徹していく授業システムなのです。強い言葉で言えば，この授業システムのどこに学生たちの主体性・自主性を育むモーメントがあるというのでしょうか。

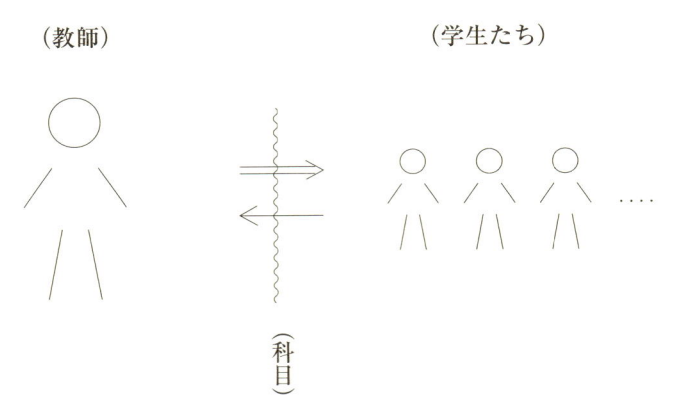

図6　「参加型」講義（Man-To-Man System）の構造

「学生が学習環境と相互作用する」システム

　今日必要なことは，学生たちが自らの力で，主体的に創造力をいかして学習していくことのできるシステムを構築していくことです。特に，学生たちが参画してくる演習について，新しいシステムが必須です。

　「マン・トゥ・マン」システムは，教師が学生たちを「教える」ことを前提とした授業システムです。それに対して，学生が学習環境に働き

第 5 章　ICT 時代にふさわしい，豊かで多様な学習環境を用意する

かけ，教師からの支援を受けつつ，自ら学んでいくという授業システムを構築していく必要があります。ここでこそ，学生は主体的に，かつ，創造的に学習環境を活用しながら学習活動を展開することができるのです。上に述べたように，今日では，実に豊かで，多様な学習素材が存在するのです。

　こうした学習システムを「マン・トゥ・エンヴァイロメント（Man-To-Environment）」システムと名付けておきたいと思います。ここでのマンは学生で，エンヴァイロメントは学習環境のことです。（図 7 参照）

　学習環境には人的学習環境と物的学習環境がありますが，教師は最も有力な人的学習環境なのです。学生たちは学習課題の解決を目指して，多様で，豊かな学習環境と相互作用を繰り返しながら，探究活動を展開していくのです。

　繰り返しますが，ここでは教師は，第 3 章の終わりで述べたように，学習活動を支援するサポーター（supporter）であり，個別的に学習活動を支援するメンター（mentor）です。

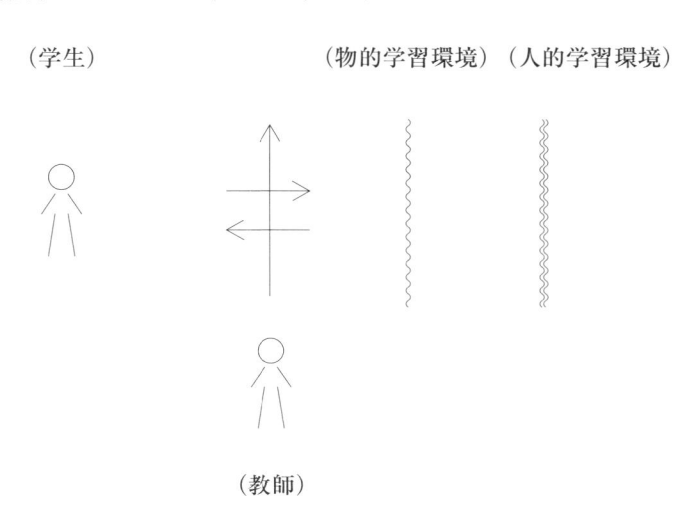

（学生）　　　　　　　　　（物的学習環境）（人的学習環境）

（教師）

図 7　「Man-To-Environment」System

2 「図書館」「学生食堂」から学部・学科所属の「学習センター」へ

「研究室」「講義室（演習室）」「図書館」しかない

　どこの大学を見ても，学部・学科の施設としてあるのは「研究室」と「講義室（演習室）」です。もちろん，理工学部には「実験・実習室」があります。言うまでもなく，研究室は教師たちの部屋ですし，「講義室（演習室）」は学科別に属しているというわけではなく，全学的に使用される教室です。多少違うのは，理工学部の「実験・実習室」で，それぞれのゼミに属す学生たちが占有している部屋です。

　他方，大学には「図書館」や「学生食堂」がありますが，これらの施設は全学に開かれたもので，学部・学科に属するものではありません。学生たちにとって，図書館が唯一の自学自習する場所と言ってもよいでしょう。近年，町のコーヒー屋で学習する学生も出てきていて，大学の学生食堂で学習する学生も見られるようになりましたが，学生食堂はやはり食事をする場所でしょう。

ICT 時代にふさわしい教育施設のあり方を探る

　大学での基本的な単位は学部・学科です。大規模な大学では，いくつかの学部があり，その中に，いくつかの学科があります。今の制度では，転学部・転学科ということは多く認められていませんので，入学以来，学生たちは1つの学部・学科に属し，進級していきます。何らかの理由で，5年以上在学して卒業していく学生がいますが，ほとんどの学生は4年で卒業していきます。

　1991年の大学設置基準の大綱化以後，かつてのように，1，2年生では主に一般教養科目，語学や保健体育の授業を履修し，3年生になって

第5章　ICT時代にふさわしい，豊かで多様な学習環境を用意する

から専門科目を履修し，卒業していくというパターンは弱まりました。
　今では，1年生から専門科目を履修します。したがって，自分が属する学部・学科への意識は，授業で履修する専門科目を通して感じ取るという状況にあります。他方，就職活動が3年生の後半に移ってきてしまい，専門科目に力を入れて学ぶ機会がますます早期化してきているのが一般的な傾向でしょう。
　他方，校外でのアルバイトが一般的になってきており，大学での生活も学部・学科を越えたところに作られているサークル活動中心になってきています。このような状況の中で，学部・学科への帰属意識はますます希薄になっていると感じられます。
　こうした状況は，不本意入学してくる学生たちには，むしろ望ましく思われる環境かもしれませんが，大学があくまでも専門科目を通して学生たちの教育に携わる教育機関とするならば，望ましい環境とは言えません。所属する学部・学科への所属意識をより高めるべきであり，同時に，専門科目の教育により力点を置くべきです。こうした意味からも，大学の教育施設のあり方の見直しをすべき時です。

学部・学科は学部・学科にふさわしい「学習センター」を持つべきである
　かつて，私は校舎の改築にあたって，大学の学部・学科は特色ある「学習センター」を持つべきであると主張したことがあります。図面もつけて提案したのですが，見られることすらなかったと思います。新しくできた校舎は，従来通り，研究室と講義室（演習室）だけでした。
　学部・学科の「学習センター」は次の2つの学習環境を配慮して作られるべきです。
　1つは，「専門的雰囲気」と名付けることのできる学習環境です。そこに行けば，学部・学科の持つべき「雰囲気」にひたれるという環境です。たとえば，英語学科で考えれば，学習センターは，交換留学先の大

学の写真，留学情報などの展示物，会話のビデオを見たり，テープを聞いたりするブース，英語学科の学習に必要な教材・教具などで構成されていて，一見して英語学科らしい雰囲気をもっている学習センターです。

他の1つは，「人的雰囲気」と名付けることのできる学習環境です。そこに行けば，英語を話す人々がいて，英語がいつでも飛び交っている雰囲気です。出来ることなら，英語や留学について相談できる人が配備されていると，理想的です。

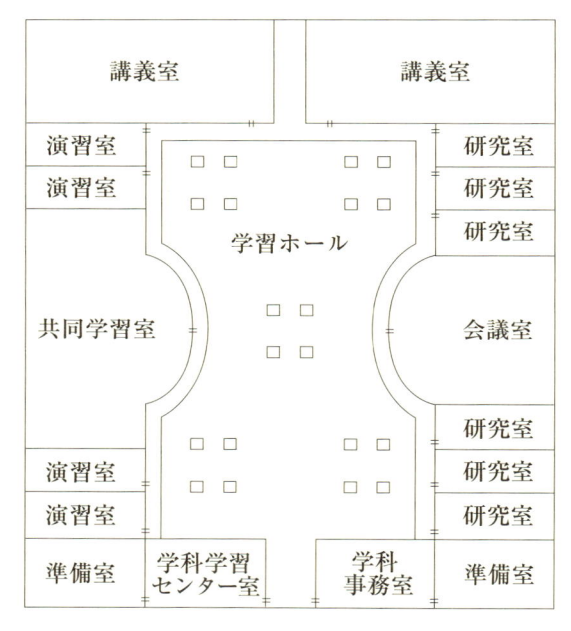

図8　学科学習センター

できることなら，この際，学科に属する教師の研究室と，もっぱら学科が使用する講義室（演習室）を「学習センター」と一体化して配置するとよいのではないか，と考えます。

講義室（演習室）は使われていない時間帯は学生たちが話し合いをしたり，作業をしたりできるようにすべきです。間違いなく，ICTの時代

第5章　ICT時代にふさわしい，豊かで多様な学習環境を用意する

です。「学習センター」の中心は，学生たちがいつでもコンピューターを使えるスペースとすべきです。もはや，どこの大学にもある，いわゆる「コンピューター室」は不要でしょう。コンピューターも，タブレット型端末も，どこでも，いつでも使えるツールです。

学習活動を支援するシステム（Moodleなど）を活用する

　今では多くの大学で授業の登録にコンピューターが使われています。また，大学や教務課と学生たちの間のコミュニケーションにも，コンピューターが使われています。もちろん，授業時間以外の時間での教師と学生たちの間のコミュニケーション，また，同じコースを履修した学生同士の間のコミュニケーションにもコンピューターが使われています。講義であれ，演習であれ，ICTが盛んに活用されます。

　数年前のことになりますが，アメリカの友人の大学では，学生が入学してくると，全員の学生は自前で「Task Stream」と言われるソフトに加わることが義務付けられている，と聞きました。このソフトには，その名の通り，授業で課されるタスク（課題）を探求するためのテンプレート（定型書式）などが用意されていて，その書式に従って学習することができるのだそうです。また，そこで展開される課題探究学習の記録が蓄積されるようになっていて，そのままポートフォリオになる仕組みになっているとのことです。

　もちろん，教師はこのソフトを通して授業に必要な資料などを提示でき，学生が書いてきたその時々のレポートにコメントを加えることもでき，成績もつけることができそうです。

　今日では，「Moodle（Modular Object-Oriented Dynamic Learning Environment）」が広く使われています。「Moodle（ムードル）」とは，「授業で利用できるフリーの学習支援ソフトで，インターネットのオンライン環境でいつでもどこでも利用できる」*ものです。日本の大学でも

広がっています。教師による「掲示板」はもちろんのこと，学生は教師が提供した資料をダウンロードでき，教師が提示した学習課題を学生が行い，教師に報告し，教師は評価することができるプログラムです。さらに，教師も含んで学生同士が意見交換することができ，議論の場ともなるのです。

＊上智大学総合メディアセンター：
　http://ccweb.cc.sophia.ac.jp/userguide/moodle/

第6章
課題探究活動を導く
「学習ガイド（学習計画表）」を作成する

　前章で，人的と共に物的な学習環境が，学習者の主体的，創造的な学習活動にとって，不可欠であると指摘しました。
　教師だけに依存してきた授業のあり方は改革されるべきであり，学習者を豊かで，多様な学習環境の中に解き放つとき，学習者は自ら能動的に活動し，そのことによって，主体性，創造性を高める可能性が生じると考えるからです。
　しかし，学習者が学習環境に自ら挑戦していくとしても，学習課題を解決する探究活動を導く一定の形式をもった「学習ガイド（学習計画表）」が必要になってくるはずです。伝統的に，教師は指導を展開するための指導計画案を準備し，指導してきたのですが，学生たちも，探究活動に先立って，探究活動を進めていくための手段や手順について，計画案を立案すべきです。
　「学習ガイド」は，授業モデルによって教師が用意する場合もあれば，学習課題づくりのプロセスを通して学生たち自身が作っていく場合があります。学習目標によって，よく組織化されたものから，かなり開放されたものまで，幅広く考えられます。この章では，そうした「学習ガイド」に焦点を当てたいのです。
　「参加型」講義にあっては，シラバスに加えて，「資料プリント」や「学習プリント」と言われる補助教材があれば十分でしょう。しかし，学生たちが教育内容と共に教育方法に対してヘゲモニーを発揮していく「参画型」演習では，学習活動を導く「学習ガイド（学習計画表）」が必要になってくるはずです。

1　教材ではなく,「学習材」という概念を作り出す

「講義ノート」を書くことから始まった

　いつ始まったのか, 定かではないのですが, 以前から, 大学の教師は授業のために「講義ノート」を作成してきました。教師になった最初の2, 3年の間は,「講義ノート」を作成するのに苦労したようです。しかし, 実は, 担当する科目は自分が大学や大学院で学んできた専門領域の中にあり, その上, 滅多なことで担当する科目が変わることはないので, 数年もすれば,「講義ノート」が完成し, それ以後は楽になるといったものでした。

　講義ノートに常に手を加え, 講義内容を改善していた教師はあまりいなかったようです。年がたつにつれ, ノートは古くなり, 表紙の色も色あせてくるのですが, そうした古いノートを使っての講義が多かったのではないかと思われます。しかも, 今と違って, 担当する授業の数も多くはなかったのでしょう。昔のことになるのでしょうが, 大学の教師は「気楽な商売」と映ったに違いないのです。

　別な見方からすると, 大学における専門性は教授から弟子へ, メジャーな大学から新設大学へと, こうして受け継がれてきているのです。そこに, 大学閥や同門閥があり, 大物教授やメジャーな大学の支配が出来上がっていたと言えますし, ひょっとして, 今日なお, そうかもしれません。

　かつてよく言われたことですが, 医学部では, カルテの書きが「教室」ごとに違い, そこで育った弟子たちが次の大学にまで同じカルテの書き方を持ち込んだようです。

　他の学部でも, ひょっとして, 今でも, こうしたあり方がそのまま受け継がれ, 学問閥が形成されているかもしれません。

第6章　課題探究活動を導く「学習ガイド（学習計画表）」を作成する

　私のいとこは経済学の教授を一生勤めましたが，大学に職を得た当時，しっかりした「講義ノート」を作っていて，当時まだ院生の私に，自慢げに見せてくれました。たしか，1コマの講義のために，ノート15ページくらいを用意するのだ，と自慢していたと記憶しています。当時は，授業は4単位の通年コースでしたから，30コマ分の「講義ノート」を作るわけで，たしかに，一冊の本を書くくらいの量だったと思います。それは大変な量だったと思います。しかし，新米教師にとっては，教科書を作るようなもので，「講義ノート」さえ用意しておけば，授業をまずまずこなすことができたのでしょう。私は，当時，自分もいつか「講義ノート」を書くようになりたいと考えていたのではないか，と思います。

　やがて，学生運動が盛んであった1960年代には，こうした古びたノートを使っての講義がやり玉に挙げられました。今から考えると，セピア色になった古いノートを使っていることが非難されたのですが，問題は「講義ノート」の内容だったはずです。わかりやすさから，1，2年生が学ぶ教養部で行われていた「一般教養科目」の講義が非難の対象となりました。曰く，一般教養科目の内容は高校や予備校で教えられていることの「焼き回し」にすぎない，というものでした。これを契機に，教養科目は衰退してしまったと言ってよいでしょう。

『講義ノート屋』の時代が終わった

　実は，5年ほど前になりますが，『講義ノート屋』の閉店が報道されたそうです。

　かなり最近まで続いていたと思うのですが，期末試験の始まる頃になると，学生たちが教師の講義を聞いて書いた，もう1つ別の『講義ノート』の貸し借りが，盛んになりました。私もその一人でしたが，日ごろ，講義をサボっているコースの期末試験には，『講義ノート』が不可欠でした。普段，講義にまじめに出ている友だちから『講義ノート』を借り

て，にわか勉強をして，試験を受けたものです。しかし，報道によると，関西の有名大学の付近には，『講義ノート屋』と言われる商店があって，いろいろなコースの歴代の講義ノートを売っていたというわけです。古き良き時代と，懐かしくも思いますが，それくらい講義が変わることがなかったということで，教師は毎年同じことを講義していたのでしょう。大学の教授職は気楽な商売と映っていたことは，いろいろ，語られているところです。

　思い出したのですが，言語学を切り開いたF.ソシュール（Ferdinand de Saussure）の業績，『一般言語学講義』（1916年）は弟子たちが残した講義ノートを集めたものでした。J.デューイ（John Dewey）も，コロンビア大学ティーチャーズ・カレッジで難しい講義ノートを作ってきて，学生に読んで聞かせていたと聞いたことがあります。

寄せ集め型「テキスト（概説書）」に代わる

　講義ノートに代わって，使用されるようになってきた教材がテキストと言われる概説書でした。主には，学部・学科の専門基礎科目で使う概説書です。講義する数名の教師たちが分担して，概説書を書き，テキストとして使用するのです。教師の側からすると，講義ノートを作る必要がなく，研究業績にも多少なり，印税も入り，一石三鳥というわけです。

　自然科学の領域では，程度の問題ではありますが，定説になっている内容から概説書を書くことができます。また，実際，本屋に行けば，似たり寄ったりの定本に近いものが購入できます。たとえば，生物学の概説書を考えれば，このことがよくわかります。たしかに，環境問題についての切り口が多少違うかもしれません。環境と生物とのかかわりについての記述も多少内容的に違うかもしれません。しかし，どの概説書にも，環境と生物とのかかわりについての記述はあります。

　問題は社会科学や人文科学の場合です。バランスのとれた，大学の授

業で使えるような適切な概説書がないのです。かつては，経済学には，近代経済学とマルクス主義経済学が対立していました。大学の経済学部の間で，また，経済学部の中でも，いわゆる「近経」と「マル経」が対立していました。こうした対立は，他の学部や学科でも，程度の差こそあれ，現在でも，存在します。したがって，バランスのとれた，大学の授業で使えるような適切な概説書が作られないのです。作られる概説書は，上に述べたように，気の合う数名のもので書かれたものというわけです。

　話は飛びますが，アメリカでは，大学で入門書として使う概説書を書く専門家がいて，概説書は大きな研究業績と考えられ，評価されているのです。日本では，実は，バランスのとれた，適切な入門書はありません。研究を重ねた老練な研究者だけが書けると言ってもよいのですが，全くというほど，バランスのとれた，適切な入門書がないのです。

　あるではないか，と言われそうですが，あるものは有名大学の有名教授が書いたものです。ブランド志向の強いこの社会の中で，有名というだけで，概説書になっているにすぎないのです。

　事のついでに，もう一つ付け加えておきますと，アメリカの大学の多くには，卒業生を教授に採用しないという原則があるのです。採用するとしても，いったん，外の大学に出て業績を上げた人が採用されるのです。日本のように，自分の大学の出身者で固めようという志向とは大きく異なります。

大学には「教材」という概念すらなかった

　もちろん，かつては，学部・学科の専門科目を担当する教師たちも「講義ノート」を作ってきたに違いないのです。1970年代に入ると，大学の増設に伴う学生人口の増大ということもあって，出版事情は大いに様変わりしました。それ以前は，よほど著名な教師でない限り，自分の

名前のついた著作物を出版することはありませんでした。しかし，この時代になると，「講義ノート」は出版物として世に出ることになっていったのです。

したがって，今日では，大学の講義式授業は，「講義ノート」に代わって，担当の教師が書いたテキストを使って行われている場合が多くなってきています。ほとんどのコースは，一冊のテキストをベースにして授業が行われていると考えられます。

講義ノートの時代もそうでしたが，テキストの時代になっても，「講義ノート」や「テキスト」がそのまま「教える材」，すなわち，教材（teaching material）であることには変わらなかったのです。別の言い方をすると，「講義ノート」か「テキスト」があり，あとは，黒板とチョークがあれば，授業ができるというわけです。

1980年代に入ると，「視聴覚教材」という言葉が，特に，学校教育の段階に急速に導入されていきました。教科書だけが教材であった時代に代わって，まず，テープレコーダーが導入され，特に，音声による指導が必要な英語や国語の授業で使われ始めました。やがて，音声だけでなく，カラー付きの動画を伴ったビデオテープレコーダーが登場してきます。教室にはテレビジョンやスクリーンが備え付けられるようになっていきました。

やがて，大学の教室にもDVD，CD，スライド，テープなどの視聴覚教材が導入され，今日では，多くの教室にテレビジョンやスクリーンが備え付けられています。ただし，率直に言って，そう頻回に使われているようには思われないのです。

「参加型」講義では，大いに補助教材を活用すべきである

「参加型」講義と名付けた授業モデルに導かれた授業では，「テキスト」が用いられるでしょう。テキストは原則印刷教材で，音声や動画が

ありません。したがって，補助教材として，DVD，CD，スライド，テープなどの視聴覚教材をもっとよく用いるべきです。

第1章の2で述べたことですが，『教育方法』や『教育課程学』は教職科目であると同時に全学共通科目でした。常に，300人近い学生が履修してきていましたので，授業モデルとして第1の「講義＋質疑」あるいは第2の「視聴覚教材＋講義」を採用せざるを得ませんでした。

また，私は1コマの授業にただ1つの目標を設定し，焦点化して臨んでいました。すなわち，学生に考えてほしいことはただ1つと考えて，授業をしてきました。時折，DVDを使いました。端的に言えば，優れてよくできたDVDは学生たちを魅了してやまないのです。インパクトが大きく，強いのです。学生たちは緊張して，最後まで鑑賞します。

中でも，『ちびまる子の運動会』は，楽しみながらも，授業の目標を達成できるものでした。もちろん，鑑賞する前に学生たちに適切に働きかけておかねばなりません。

しかし，現状は改善されたとはいえ，かならずしも，補助教材として，DVD，CD，スライド，テープなどの視聴覚教材はよく使われていないのではないか，と考えます。端的に言えば，準備が大変だからです。相変わらず，使いたい箇所の「頭出し」をしておくことが難しいのです。

2　「学習材」という概念で，探究活動のための学習環境を構成する

ICT時代になり，事態は一変したはずである

言及するまでもなく，PC（パーソナル・コンピューター）の一般化は，一挙に，人間と情報の間のかかわりを一変させました。すなわち，今や，教師が情報としての知識を学生に与えるという伝統的な授業は，完全に，終息を迎えつつあります。このところのスマートフォンやiPad

などのタブレット端末の機能の充実と一般化には，目を見張るものがあります。しかし，教育界の反応は，極めて消極的です。学校教育の段階の話ですが，タブレット型端末の使用には大きな抵抗があります。（武内清研究代表『デジタル教科書に関する調査研究』中央教育研究所，2013年5月）

　大学教育の段階でも，コンピューター室を設置して，大学のコントロールのもとでの活用は進行しているようですが，語学学習が主なもので，一般の授業での活用には，極めて消極的です。先に紹介したムードル（Moodle）のような学習活動支援システムの活用でも，けっして，活発という状況ではありません。

　前章で主張したように，情報化時代，ICT時代を受けて，大学での学習環境は大いに変化していくべきです。昨年，私がかつて学んだウイスコンシン大学を訪問したのですが，図書館はもちろんのこと，どの学部の建物も改築，改装され，学生が自由にいつでもコンピューターを使える広い学習センターが設けられていました。旧教育学部ビル（Old Education Building）と言われる，一番古い校舎も中央に美しい湖が眺められる，広い学習センターを中心とした構造に改築されていました。

学習材（Learning Material）という概念を導入しなければならない

　繰り返しますと，パーソナル・コンピューターの登場は，人間と情報のかかわりを一変させたはずです。誰でも，いつでも，ほしい情報が得られるというわけです。教師だけが情報源である「マン・トゥ・マン」システムの時代は去ったはずです。情報について常に吟味が必要としても，情報は常に「そこにある」のです。教師が情報としての知識を学生に与えるという伝統的な授業は，完全に，終息を迎えています。

　「教材（teaching material）」は文字通り「教えるための材料」です。教える人は教師ですので，それは教師が授業で用いる材料です。学校段

第 6 章　課題探究活動を導く「学習ガイド（学習計画表）」を作成する

階で言えば，教師は教科書を用いて授業をしますが，子どもたちの理解を容易にするために，いろいろな副教材を工夫して作成してきました。大学段階でも，講義ノートやテキスト（概説書）を読み，解説するという授業では，今日の学生は授業について来なくなっており，今日では，DVD，CD，スライド，テープなどの視聴覚教材を活用したり，パワーポイントを使ってみたりしています。しかし，これらは教師が事前に用意した「教材」にすぎないのです。

　もし私たちが今後目指すべき授業の方向が学生の主体性や創造性を育成することであるとするならば，学習材（learning material）という概念を導入しなければならないはずです。学習材という概念の源泉は大正自由教育期に活躍した木下竹次の『学習言論』の中に見られますが，学校教育の段階には，私たちが1980年代に導入しました。

　学習材とは，文字通り，「学習者が学習活動に用いる材」という意味です。すなわち，学習者である学生が自分の好きなように，自分の手で動かし，触り，自分の目で見る材なのです。まさに，前々章で述べたように，「I see, I remember. I do, I understand.」という原理が働く世界です。

　前節で見たように，課題探究活動は学習者が学習環境と相互作用する中で展開されます。その学習環境を構成するものそのものが，まず，学習材です。すなわち，豊かで多様な印刷教材，視聴覚教材，操作教材が学習材です。本来，印刷教材，視聴覚教材，操作教材と呼ぶべきではなく，「印刷学習材」，「視聴覚学習材」，「操作学習材」と呼ぶべきですが，従来の呼び方があまりにも一般的ですので，「教材」と呼んでおきます。

　学生が探究活動に使うこうした「学習材」は，どの大学でも，図書館に置かれています。かつては，図書館は単行本をはじめ，百科事典，年鑑，辞典，写真集など印刷教材が収められていましたし，今もまた，そうです。しかし，視聴覚媒体が発達してくると，テープやスライドが収

められ始め，今では，ビデオを見るコーナーがどの図書館にもあります。模型とか，ゲームといった操作教材も展示されている図書館があります。日本では，どの大学も大きな図書館が大学の中心にありますが，アメリカの大規模な大学には，学部ごとに図書館がありますし，博物館や美術館を持った大学も珍しくありません。

　前章で，図書館のほかに，各学部・学科に学科専用のその学部・学科にふさわしい「学習センター」を持ってはどうか，という提案をしました。排他的であることは現に慎むべきですが，そこには，学科固有の専門的「雰囲気」があり，学科が提供しているコースの学習活動がしやすくなっているべきです。人的にも，一般司書というよりは，学科の学習について相談にのれるような人，たとえば，助教や博士課程に在籍するTAのような人材を常駐させることができれば，理想的でしょう。

「直接的」学習環境と「間接的」学習環境に分けておく

　ここでは，2種類の学習環境を意識しておきたいと考えます。1つは，上に述べてきたような課題探究学習を直接進める学習材で構成する学習環境です。それを「直接的」学習環境と名付けておきます。それらを組織しているのが「学習ガイド」です。具体的には，学習ガイドの中の④「学習活動の展開」にある『学習材（資料，データ，情報など）』です（138～140ページ参照）。学習者はこれらの学習材を活用して探究活動を行います。もちろん，大学生ともなれば，これらの学習材のほかに，自ら適切な学習材を見つけていくでしょう。コンピューターはそれを可能にしています。

　他の1つは「間接的」学習環境と名付けておいたものです。上で，学部・学科の「学習センター」はその学部・学科にふさわしい「雰囲気」を醸し出しているべきではないかと言いましたが，そのことなのです。掲示物や展示物がそうした雰囲気を醸し出すものとして使われます。そ

第6章　課題探究活動を導く「学習ガイド（学習計画表）」を作成する

こに入ると，何とはなしに，学習したくなるような，探究活動を促進する雰囲気です。

強調しておきたいのですが，図書館であれ，学部・学科の学習センターであれ，「課題探究活動の場」として再編成したいのです。大学が単に新しい知識を手に入れる場所だけでなく，学生が自らの力で主体的に，創造的に知識を獲得し，創造していく場所に変化させたいからです。

3　自力による探究活動を導く「学習ガイド」を作成する

学習環境と学習者を結ぶ「ディバイス」が必要である

ここでは，「参画型」演習を考えてみるとわかりやすいのです。

繰り返しますが，「参加型」講義は教師が学ぶべき教育内容も，学び方である教育方法もコントロールしていて，必要なのはテキストと補助教材だけです。

それに対して，「参画型」演習は学生たちが徐々に両者をコントロールしていきます。第3章の最後に述べておいたように，教師の役割は，以下のように大きく変わります。

① 　授業計画を立案すること。
② 　学習環境を用意すること。
③ 　学生たちの学習活動を個別に支援すること。

まず，教師は授業計画を立案し，次の章で詳しく述べる予定ですが，「コース・シラバス」を書きます。

次に，「参画型」演習の場合，コース・シラバスに書いた目標を達成するのに必要な学習材を「学習センター」に置いて「直接的」学習環境を用意します。

同時に，用意された学習材（資料，データ，情報等）を活用して，学生が自力で行う探究活動をリードしていく『学習ガイド（学習計画表）』

を用意する必要があります。

　学生たちの探究活動は目的的活動ですし，機能的に行われる必要があり，そのために形式はいろいろ考えられるとしても，何らかの「学習ガイド」が必要になると考えます。実は，教師の役割の②の中に，学生と学習環境とを結び付ける，何らかの「ディバイス(装置)」の作成を含ませたいのです。このディバイスとは『学習ガイド (learning guide)』のことです。

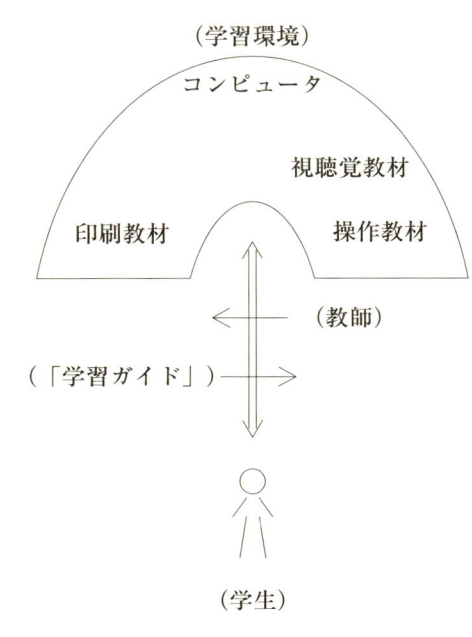

図9　学習環境との相互作用を導く「学習ガイド」

探究活動を導く「学習ガイド」とは

　学生の立場から言えば，シラバスが配られ，コースの第1時間目に説明を受け，学習環境として多様な学習材について説明されても，なお，一人であるいはグループで自学自習していける，というものではないのです。この点への認識が従来なかったと言ってよいと思います。

　「目的ははっきりした。目的を達成する手段も与えられた。後は，工夫して自分たちでやりなさい」という状況では，不十分で，学習目標に向かって探究活動を導く「ガイド」が必要です。

　ただし，「参画型」演習の属するモデルによって，「学習ガイド」は違ったものになります。上の項で述べたように，「マイペース型演習」モデルと「課題選択型演習」モデルの場合，「参画型」演習と言えども，

第6章　課題探究活動を導く「学習ガイド（学習計画表）」を作成する

なお，教師が教育内容をコントロールしています。したがって，学習活動を導く「学習ガイド」も教師が作成し，学生たちに提供するものです。

最初の「マイペース型演習」は，文字通り，それによって学生たちが自分のペースで学習していくことができる「ガイド」で，次の「課題選択型演習」は，やはり文字通り，課題に応じて探究していくことができる「ガイド」ということになります。

それに対して，「個人探究型演習」モデル，「ワークショップ型演習」モデルおよび「自由探究型演習」モデルの場合は，学習ガイドを構成する要素は同じとしても，そのあり方は大きく違います。まず，教師ではなく，学生たちが一人であるいは小グループで，ガイドを作成します。また，ウェビング手法を用いて学習課題を作っていくプロセスの中で「学習ガイド（学習計画表）」も同時に，自分たちで作成していくのです。

「学習ガイド」を構成する要素

　講義も意識的にそうあるべきですが，学習活動は課題探究活動（課題解決活動）でありますから，「学習ガイド」には次の要素が備わっているべきです。

　はじめに，探究すべき①「学習課題」あるいは「学習テーマ」という要素です。当然のことですが，学習には学習すべき課題あるいはテーマがまずあるべきです。

　次に，②「学習目標」という要素です。何を目指して探究するのか，考えるべきです。あるいは，なぜ，この学習課題を探求するのか，という「課題設定の理由」です。

　さらに，この探究活動に割り当てられている③「学習時間」について，1つの要素としてはっきりさせるべきです。

　学習ガイドの構成要素の中心部分は，予想される④「学習活動の展開」です。ここでは，課題学習（テーマ）の探究のために，いくつかの「サ

ブ学習課題」を想定し，それにかける時間を配分します。同時に，探究活動で直接用いることになる「学習材（資料，データ，情報など）」を準備することになります。

　最後に，どんな形の⑤「まとめ」をするのか，あるいは，「予想される成果」について考えておくことになります。

　要約すると，探究活動のための学習ガイドは次のような要素を備えているべきです。

　　① 　「学習課題」あるいは「学習テーマ」
　　② 　「学習目標」と「課題設定の理由」
　　③ 　「学習時間」と「学習グループ」
　　④ 　「学習活動の展開」：「サブ学習課題」，「支援資料」すなわち「学習材（資料，データ，情報など）」
　　⑤ 　「まとめ」あるいは「予想される成果」

　「学習ガイド」のフォーマットと，実例を，139，140ページに掲載しておきましたので，参考にしてください。

学習ガイド（　　　　　　　学科「　　　　　　」科目　　　　　　担当）	
① 学習課題（学習テーマ）	
② 学習目標（課題設定の理由）	
③ 学習時間（　　　　）時間／学習グループ（　　　　　　　　　　　　）	
④ 学習活動の展開	
サブ学習課題	学習材（資料・データ・情報など）
・	・
・	・
・	・
・	・
・	・
・	・
・	・
・	・
・	・
・	・
・	・
・	・
・	・
・	・
⑤ まとめ（予想される成果）	

図10　「学習ガイド」のフォーマット

教育学科　「教育制度」科目　加藤幸次担当

① 学習課題（学習テーマ） 　学校運営協議会制度(コミュニティ・スクール)：中央集権制度のもとでの地方分権化	
② 学習目標（課題設定の理由） 　今日，教育委員会制度の改革が論じられているが，その焦点は「学校運営を誰の手で行うべきか」という課題に迫るものである。文科省は，すでに，各学校が「学校協議会」を持ち，地域社会のニーズに耳を傾けるように指導してきている。さらに，「学校運営協議会制度（コミュニティ・スクール）」を推進してきている。根底には，近代公教育制度の確立の中で議論されてきた，教育の「私事権」や「地域性」を巡る論争がある。	
③ 学習時間（15コマ）／学習グループ（5名までの小グループ）	
④ 学習活動の展開	

サブ学習課題	学習材（資料・データ・情報など）
1　『学習カード1』 　「学校協議会」の現状と課題	テキスト：p25〜32 『学校自己評価の手引』長野県教育委員会(2003年) ＶＴＲ：「ボランティア活動」○○小学校
2　『学習カード2』 　「学校運営協議会制度」の実践	テキスト：p34〜50 文科省ＨＰ：コミュニティ・スクールについて 文献：『日本初の地域運営学校―五反野小学校の挑戦』大神田健次，長崎出版 『資料カード2』杉並区地域運営学校制度
3　『学習カード3』 　教育委員会制度と学校運営協議会制度	テキスト：p78〜120 「地行法」47条の5 『資料カード3』大阪市教育委員会での動き
4　『学習カード4』 　イギリスの「スクール・カウンシル（学校理事会）」	文献：『イギリスの教育改革と日本』左貫浩，高文研，p69〜101 ＶＴＲ：「イギリスの学校と学校理事会」
5　『学習カード5』 　アメリカの「コミュニティ・スクール」と「チャーター・スクール」	『資料カード4』地方分権制度 ＶＴＲ：「チャーター・スクール」の実践

⑤ まとめ（予想される成果） 　学習成果としてグループの「ポートフォリオ」を作成する。同時に，最後の発表会のために，発表テーマと分担を決め，発表資料を作成する。	

図11　学習ガイド『学校運営協議会制度（コミュニティ・スクール）』（例）

第6章 課題探究活動を導く「学習ガイド（学習計画表）」を作成する

4 セット化された「学習パッケージ」も作成する

「構造的」から「非構造的・否構造的」へ

　第2章で問題にしてきたように，授業に対する「ヘゲモニー」は「参加型」講義から「参画型」演習に向かって，教師から学生に移っていきます。さらに，同じ「参画型」演習でも，「マイペース型演習」から「自由探究型演習」に向かって，ヘゲモニーは学生に大きく移っていきます。「学習ガイド（学習計画表）」はこのヘゲモニーの移動を反映して作られます。

　「マイペース型演習」や「課題選択型演習」では，教師が「学習ガイド」を準備し，その性格も構造的（structured）になります。しかし，「個人探究型演習」「ワークショップ型演習」「自由探究型演習」では，学生が，一人で，あるいは，小グループで「学習ガイド」を自ら作成していきます。教師は，学習ガイドの立案について学生たちに助言し，支援して行く立場に変わります。この場合は学習ガイドの性格は非構造的な（unstructured）ものとなります。時に，否構造的な（non-structured）ものになります。

　ちなみに，図11に示した学習ガイドの事例は「構図的なもの」です。「非構造的な」ガイドとは，学生たちが図10に示したフォーマットの中の①から⑤の構成要素を適当に作り変えたものということです。「否構造的な」ガイドとは，①から⑤の構成要素にこだわらず，学生たちが自ら作ったガイドということです。

「学習パッケージ」とは

　同じ「参画型」演習の属するモデル演習でも，「マイペース型演習」モデルと「課題選択型演習」モデルの場合，なお，教師が教育内容をコン

トロールしていますので，学習ガイドは構造がしっかりしたものになります。したがって，教師が探究活動を導く「学習ガイド」を作成し，学生たちに提供します。しかし，「学習ガイド」だけでは，教師は，学生に修得してほしいと思う教育内容をコントロールできないかもしれないのです。そこで，より構造がしっかりした『学習パッケージ（learning package）』という自学自習用学習材が構想されてくるのです。

具体的には，「学習パッケージ」は，教師が図10の④の「学習活動の展開」をよりコントロールした形の学習材というものです。すなわち，学習課題をいくつかに細分して，いくつかの「サブ学習課題」を作ります。次に，「サブ学習課題」ごとに，「学習カード（シート）」を用意し，そこで用いる学習材「資料カード」「データ・カード」「情報カード」も用意し，セット化します。こうしてしっかりした構造を持った自学自習用学習材になってきます。

したがって，『学習パッケージ』は１つの「学習課題（学習テーマ）」を学習するセット化された学習材ということになります。

図11に示した『学校運営協議会制度（コミュニティ・スクール）』を使って，説明します。

まず，ここに示した『学習ガイド』は探究活動の全体を知ることのできる「導入カード（シート）」となります。次に，④「学習活動の展開」の項にあるように，「学習カード」「資料カード」「データ・情報カード」などが用意されます。その他に「自己・他者評価カード」さらに「発展学習カード」なども，用意されます。『学習パッケージ』とは，これら数枚から十数枚のカードから構成される，セット化された自学自習用学習材です。

それに対して，「個人探究型演習」モデル，「ワークショップ型演習」モデルおよび「自由探究型演習」モデルの場合，教師との契約を交わす手立てとしての「学習ガイド（学習計画表）」１枚だけでよいことにな

第6章　課題探究活動を導く「学習ガイド（学習計画表）」を作成する

ります。すなわち，「資料カード」「データ・情報カード」「自己・他者評価カード」さらに「発展学習カード」に盛り込まれる内容は，学生たちが自分たちの手で決めていくからです。

なぜ，「参画型」演習のための学習材と言えるのか

　言いかえると，「参画型」演習には，通常，Ａ４判１枚に書かれる『学習ガイド』が不可欠ですが，数枚から十数枚のカードから構成される，セット化された自学自習用学習材である『学習パッケージ』は，教師が教育内容をコントロールしている「マイペース型演習」モデルと「課題選択型演習」モデルの場合に，用意されるものです。

　第２章で述べたように，カテゴリーＡに位置する講義式授業を，Ｚ型に移動させて，カテゴリーＤまで開放しようとする方略を取ります。カテゴリーＣとカテゴリーＤは「参画型」演習に属しながら，学習材を作成するとき，以下の様な違いが生じます。

　すなわち，カテゴリーＣは，教師によって，ここまでしっかり構造化された「学習パッケージ」を使った学習活動ですが，果たして，演習にふさわしいものかどうか，という疑問が生じます。そもそも，「学習パッケージ」を使った学習は，結局のところ，教師が引いた路線の上を走っていくようなもので，演習の名にふさわしい学習活動ではない，と言えそうです。むしろ，カテゴリーＢの領域に入れて考え，「参加型」講義として位置付けるべきかもしれません。

　しかし，教育方法に関して，学生たちが「マイペース」で学習できるということは，極めて大きな意義を持っています。すなわち，「学習ガイド」について教師から説明を受けた後，学生たちは一人あるいは小グループで，「学習パッケージ」を用いて，最後まで自分たちのペースで自学自習していくことができるのです。

　繰り返しますが，カテゴリーＡとＢに属する講義は教師が教育内容も，

教育方法についてもコントロールしている領域です。それを学生が「参加する」ように変革していきたいのです。すなわち，第1章で見たように，学生たちが言う「まっとうな授業」に変えていきたいのです。しかし，そこには，学生たちが自分たちのペースで学習していくことの重要さに対する意識がないのです。

明らかに，学習のペースを学生たちが掌握するということは革新的なことです。そのことによって，いつでも，どこでも，学習を進めることができるようになります。また，常に，課題探究活動の「全体」について責任を持とうとして，すでに述べてきたような「原因感覚」や「メタ認知」を発達させることができるのです。自己学習力を育てることのできる第一歩であり，カテゴリーCの領域に属し，「参画型」演習の第1ステップです。

5　「参画型」演習に，契約学習という概念を導入する

4つの契約学習のタイプを考える

章の最後となりましたが，教育内容と共に，教育方法についても，学生たちのヘゲモニーを認め，そのことによって学生たちの主体性と創造性を育成しようとする演習にとって，「契約学習（contact learning）」という概念は重要である，と指摘しておきたいのです。なぜなら，演習は原則として教師との契約によって進められる探究活動だからです。

「契約学習」という言葉ですが，1970年代に，大学が行う成人教育の領域で使われてきたものです。成人である社会人の教育プログラムを立案するとき，教師と学習者との間で契約を結ぶ形をとったところから使われ始めた言葉です。教師は学習者と学習契約を結ぶプロセスで学習者のニーズに応じていくことができ，他方，学習者は学習契約を結ぶプロセスに参加することによって，学習意欲を高めることができ，自分の力

第6章 課題探究活動を導く「学習ガイド（学習計画表）」を作成する

で探究活動を方向付けていく（自己指示型学習；self-directed learning）ことができる，というのです。やがて，契約学習というあり方は大学や高等学校に広がっていきました。

（Knowles, M.(1975), "Self-Directed Learning: A Guide for Leaners and Teachers", Chicago: Follett）

(1) 個別学習型契約学習（Individualized Performance-Based Contract Learning）

　この学習は，「参画型」演習の第1モデルである「マイペース型演習」と第2モデルである「課題選択型演習」を意識した，セット化された「学習パッケージ」を用いた学習活動です。

　前者には，1種類の「学習パッケージ」を用意し，後者には，課題の数に応じて複数の「学習パッケージ」を用意します。これらのモデルの特徴は，上に見たように，学生たちが自分ひとりのペース，あるいは，小グループのペースで学習活動に取り組むことができるという点にあります。

　学習者は誰しも自分に合った学習時間が保障される時，より良く学習効果を上げることができるものです。教室での講義式授業は教師のペースで進んでいきます。そのペースにすべての学生が合わせられているという保障はどこにもないのです。一斉授業という伝統的な授業はこのことへの認識が全く欠けているのです。繰り返し述べてきているように，主体性や創造性を育てるために，「メタ認知」を働かせながら，「原因感覚」を感じさせることが重要です。その第1歩が「学習ペース（時間）」を学習者に返していくことです。

　とは言え，繰り返しますが，教師によって「学習パッケージ」は準備されています。かつて，ユタ州にあるウエーバー州立大学（Weber State University）で開発された『WILKIT』と呼ばれた自学自習学習

のための「学習パッケージ」がその代表例です。

(2) 個人探究型契約学習（Self-Inquiry Contract Learning）

コース（教科目）が目指す学習目標の中にあって，教師と一人ひとりの学生が話し合って，両者がともに満足する「学習課題」を決め，学生が一人で探究し，教師が学生の探究活動を支援していく学習活動のための1枚の「学習ガイド」です。

演習の第3モデル「個人探究型演習」に対応した「学習ガイド」と考えています。

「学習ガイド」のフォーマットは原則として学生が自ら書き入れるように，各項目は空欄にしたもの，図10に示したものを用いるといいでしょう。

たとえば，①「学習課題」あるいは「学習テーマ」の項は，教師が配布したシラバスに示された学習目標を勘案して，学生がその目標を達成するのにふさわしいと考える「学習課題」あるいは「学習テーマ」を書き込むことになります。

次に，②「学習目標」あるいは「課題設定の理由」，④「学習活動の展開」，⑤「まとめ」あるいは「予想される成果」について，学生は，自分が設定した学習課題を達成することを目指して，書き込んでいきます。その上で，教師の承諾をいただき，契約を交わすことになります。

ただし，③「学習時間」については，教師の方で決められています。

学生は自ら定めた「学習ガイド」に従って，ここでもマイペースで進めていきます。必要に応じて，教師からアドバイスをメールで得たり，オフィスアワーに研究室に出向いてアドバイスを得たりすることになります。一般的には，コースの最後に発表会を持つことが多いはずです。

第6章　課題探究活動を導く「学習ガイド（学習計画表）」を作成する

(3) 集団探究型契約学習（Group-Inquiry Contract Learning）

　原則として，上で述べた(2)と同様の探究活動であり，(2)は一人の学生が行う活動であるのに対して，ここでは，学生が小グループで行う活動です。

　したがって，上で述べたように，コース（科目）が示す学習テーマの中にあって，教師と小グループになった学生たちが話し合って，両者がともに満足する「学習課題」を決め，学生たちが探究し，教師が学生たちの探究活動を支援していく学習活動のための1枚の「学習ガイド」です。

　演習の第4モデル「ワークショップ型演習」に対応した「学習ガイド」と考えています。

　第4章で述べたように，コース（科目）が示す学習テーマについて，まず，ウェビング手法を用いて，課題づくりをします。

　例に示したように，コースの学習テーマが『教育課程（カリキュラム）の編成』として，ウェビングの結果，4つの学習課題，すなわち，「国の教育課程づくり」，「学校の教育課程づくり」，「系統主義に基づく教育課程づくり」，「経験主義に基づく教育課程づくり」ができたとします。この段階で，学生たちは小グループに分かれ，各グループは，これら4つの学習課題の中から自分たちが選んだ課題について，②「学習目標」あるいは「課題設定の理由」，④「学習活動の展開」，⑤「まとめ」あるいは「予想される成果」について，自分たちが設定した学習課題を達成することを目指して，書き込んでいきます。

　なお，ウェビングに先立って，学生たちに「学習ガイド」を配布しておけば，学生たちは「学習ガイド」の書き込む項目を意識してウェビングを行うことができ，より良いものとなるはずです。

　実際には，コースを履修する学生たち全員で行ったウェビング図について，小グループに分かれた時，すなわち，具体的に「学習ガイド」に

記入する段階で，自分たちの選んだ学習課題について，再び改めて，詳細なウェビングを行うことになると考えられます。実際にどんな情報を集めて，どんな手順で，誰がどこを担当して探究していくのか，はっきりさせていくことが必要だからです。

　繰り返しますが，コースの第1時限目は，コース・シラバスの紹介になるはずです。第2時限目に，コースを履修する学生たち全員でウェビングを行い，第3時限目に，グループに分かれて，再度，グループが選択した学習課題について，ウェビングし，学習ガイドに記入することになると，考えられます。

(4)　自由探究型契約学習（Independent Study Contract Learning）

　演習の最後のモデルは「自由探究型演習」です。このモデルは契約学習（contract learning）の中で，最も自由度が高く，教育内容についても，教育方法についても，学習者が十全にヘゲモニーを発揮することのできる探究活動です。

　もちろん，学生はある特定の学部，学科に所属し，そこで学び，卒業していくのですが，学生の学びたいとすることが必ずしも学部，学科が提供している科目にあるとは限りません。このような場合，学生は主にゼミの教師に，学びたいとすることについて研究計画書に当たる「学習ガイド」を書き申し出て，単位の認定を受けるというものです。

　この場合，「学習ガイド」の諸項目を参考にして，研究計画書を書くことになるのです。ある特定の演習の中で，こうした自由研究を行う場合は，③「学習時間」はあらかじめ定められているのですが，アメリカの大学にあるコース番号999のコースでは，学習時間も学生が自ら決めて，指導教師（academic advisor）の承認を得て，コース登録をします。

第7章
「参加型・参画型」授業のための
シラバスはどうあるべきか

　以上，第1章から第6章まで，成熟期にさしかかった大学での新しい教育のあり方を模索して書いてきました。今や，大学はエリート育成の機関ではありません。多様な学生が入学してきます。大学教育は，入学してくる一人ひとりが大学での学習活動を自らのものとし，自らの個性を育むものにする，という方向に向かって高められるべきです。そのことによってこそ，学生一人ひとりの主体性と創造性を育成できると，いったものです。

　今日では，ほとんどすべての大学でシラバス（授業概要）が書かれるようになりました。したがって，成熟期にさしかかった大学での新しい教育のあり方はシラバスの上に反映されなければ，現実的な意味を持ちません。

　しかし，現在書かれているシラバスは，必ずしも，大学教育の新しいあり方を盛り込んだものとは言えないのです。それは第2章で示した図1のカテゴリーAとBの領域上に位置しているにすぎないのです。

　そもそも，シラバスは何のために書かれるべきものでしょうか。言うまでもなく，学生たちの主体的，創造的な学習活動を促すものでなくてはなりません。率直に言えば，現在書かれているシラバスは，外部の世界を気にして，見せかけのアカウンタビリティ（説明責任）を果たすために書かれているように見えます。外部の世界に対するアカウンタビリティではなく，学生たちの学習活動に対するアカウンタビリティこそ問われるべきです。そのために，大学教育の質的転換を目指したシラバスはどうあるべきか，考えてみたいのです。

1 何を目指して，シラバスを作るべきか

現在のシラバスは中途半端なものである

　まず，はっきりさせねばならないことは，今日，一般的に「シラバス」と言われているものは，あえて訳せば，「授業概要」のようなものだということです。

　研究社の『New English-Japanese Dictionary』によると，シラバスとは「(講義，論文，試験要綱などの) 摘要，要目，大要；授業細目」とあります。この辞典の定義にしたがえば，「摘要，要目，大要」に当たるものが，今日，日本の大学で一般に「シラバス」と呼ばれているものです。

　ごく最近まで，アメリカの大学には各学部や学科で行われる授業科目のリストである「カタログ (catalogue)」と呼ばれていたものがあり，毎学年の初めに配られ，学生はこのカタログを見て，コースを登録していました。現在は，すべてコンピューターで処理されています。

　それと，アメリカの大学では，授業の初めに教師が学生に渡すＡ４判の用紙で数ページになる「シラバス」があります。日本の現在のシラバスは，アメリカの大学の「カタログ」と「シラバス」の中間に位置付けることができます。繰り返しますが，それは「授業概要」が示されている「日本的シラバス」というものです。

　どうも共通した漢字表記がなくて，「シラバス」とカタカナで表記されている場合が多いように思います。ここでは「授業概要」としておきますが，大学によって「授業要綱」と言われたり，「講義要項」などと言われています。共通していることは，Ａ４判の用紙で１ページで，授業の大まかな姿が描かれていることです。

第7章 「参加型・参画型」授業のためのシラバスはどうあるべきか

日本のどの大学のシラバスも同じ形式で書かれている

　最初に断っておきますが，こうした形式の「シラバス」が不要だと言うつもりはないのですが，何か，シラバスを作成する教師の意気込みが感じられないのです。率直に言えば，書かされている感じがするのです。大学での授業を改革しようとする意気込みが感じられないのです。何か，冒頭に述べたように，外部の世界を気にして，見せかけのアカウンタビリティに対応するために書かれているように見えます。

　今日では，どこの大学にも，名称や規模は異なりますが，「大学教育開発センター」あるいは「大学教育改革室」と呼ばれるような機関が設置されていて，大学改革をすすめています。

　2008（平成20）年の中教審の答申『学士課程教育の構築に向けて』を受けて，いわゆるDP（ディプロマ・ポリシー），CP（カリキュラム・ポリシー），AP（アドミッション・ポリシー）の策定に力がかけられてきています。

　ここで，CP（カリキュラム・ポリシー）を受けて，シラバスの書式が決められているのですが，どうしたわけかどこの大学でも，シラバスの形式（書式）は同じと言ってよいのです。教師たちは，コンピューターが示す指示に従って，大学の決めた項目を「埋めていく」のですから，同じ形式のシラバスができてくるのは当然です。

　しかも，「大学教育開発センター」が各項目の書き方について細かく指示していますから，さらに，同質性が高まってしまっています。

　　シラバス（授業概要）の形式（Ａ４判１枚）
　1　授業科目，科目番号，授業科目名，単位数，開講学期，曜日・時限・担当教員名，研究室
　2　授業形態，授業内容，（DP上の授業の位置付け）
　3　授業の目標，到達目標

4　授業計画
5　授業運営
6　成績評価（専門職試験チェック・リスト）
7　テキスト，参考書
8　オフィス・アワー
9　備考欄

　教師の立場から見ると，センターの指示にしたがって各項目を埋めていけば，シラバスができるというわけです。さして難しいところはないのです。従来から作ってきた「講義ノート」から，授業スケジュールをより詳しくしさえすれば，できるような作業です。
　難しいところと言えば，「到達目標」としてより明確に目標を書くことと，「成績をつける基準と方法」についてよりはっきりさせることくらいです。もっとも，到達目標を「行為動詞」で書くように指示されると，容易なことではなくなります。さすが，「行為動詞」で書くように指示するセンターは多くはないようです。
　問題は，シラバスづくりという全国的な動きが必ずしも新しい大学教育改革の起爆剤となっていない，ということです。言いすぎかもしれませんが，第一義的な目的は，大学が「高等教育評価機構」に提出する資料と言っても過言ではないと思います。よく知られているように，今では，各大学は8年ごとにこの機構から「認定」を受けなければならないのです。

必要性があって，シラバスが作られているように見えない

　あえて，挑戦的な言い方をしますと，今日一般的なシラバスを書くのは何のためでしょうか。まずは，このことから考えてみたいと思います。言うまでもなく，作成するのは授業を担当する教師です。しかし，何の

第7章 「参加型・参画型」授業のためのシラバスはどうあるべきか

ために作成するのか,という点になると,実は,大きな問題にぶつかります。

たしかに,大学には,守るべき学習指導要領もなく,使わねばならない教科書もないのです。大学の教師を縛るものはなく,それぞれ教師が担当するコースに適切であると考える内容を「講義ノート」にまとめ,教師が適切であると思う方法で教えてきたのです。多くの場合,「講義」と呼ばれる指導法です。

極端な言い方をすると,同じ学部,学科のコースでありながら,バラバラな内容のものになりかねないのです。現実の学部,学科の教育課程は多くの大学で統一性を著しく欠いているように思われます。したがって,まずは形式だけでも,統一したものにしたいという大学教育センター側の意図はわかる気がします。

こうしたあり方が,どうも,問題になってきているらしいのです。「らしい」と他人事のような表現をしましたが,本音のところは,多くの教師は「研究」に忙しく,授業のことはさして気にしていないのではないかと思われるのです。

思い出すのですが,わずか15年くらい前のことです。学内共同研究の研究費をいただき,FD（Faculty Development）について研究しました。年度の終わりに,研究大学（research university）の1つウィスコンシン大学からと,教授大学（teaching university）を代表してアパラチアン州立大学から,それぞれ研究者をお招きしてシンポジウムを開きました。事前に学内に掲示をあちらこちらに出しましたが,他の学部,他の学科から来られた方はいませんでした。それほどまでに,当時,FDについて,みなさん,無関心でした。

しかし,文部科学省（中央教育審議会大学分科会）,高等教育評価機構などの働きがあってか,いまや,FDとか,シラバスという言葉を知らない大学教師はいなくなったのではないか,と思うのです。特に,上

で触れた2008年の答申以来，教師の授業に関する関心が一挙に高まったと言ってよいでしょう。

2　講義式授業を改革する方向につながっていない

シラバスは教師と学生たちとの「契約書」であると言われるが

　シラバスに期待されていることの第1は教師と学生たちとの「契約書」としての機能です。たしかに，上に述べたように，大学の教師を縛るものはありません。したがって，自分勝手に授業し，成績をつけ，それで終わりという教師がいたことも確かです。私くらいの年齢の人はそうした授業をみなさん経験してきたはずです。授業をかなり頻回に休講にする教師もいました。このような状況を考慮すれば，事前にシラバスを書くことは，何より，教師自身に自覚を促すことになるでしょう。

　しかし，教師と学生たちとの「契約書」であると言われると，何か，もっと厳しいものが感じられます。何か，物を売り買いするようですし，不履行に伴うトラブルに巻き込まれるかもしれないという予感に襲われるでしょう。

　なにより，教師と学生たちとの「契約書」ですから，履行と不履行の境目をはっきりさせねばなりません。それで，勢い，一般的な目標ではなく，「到達目標」で書くことになり，しかも，「できる・できない」という行為動詞で記述した目標に向かいそうです。行為動詞なら，それこそ「行動として観察可能で，測定可能な（behavioral, observable, measurable）目標」になるというわけです。したがって，それが明確な評価基準となり，成績もそれに基づいてつけられるというわけです。

　こうした行為動詞で表記しやすい科目とそうでない科目があることは，誰の目にも明らかなので，現状は「到達目標」という呼び方で，まさに，適当に書かれています。それはそれとして，契約不履行として大学側が

第7章 「参加型・参画型」授業のためのシラバスはどうあるべきか

ある教師を訴えたらどうなるのでしょうか。そんな教師もいそうな気がします。とは言え，この場合は，大学当局と大学教師との間のことで，部外に漏れにくいと考えられます。

しかし，学生がある教師を契約不履行として訴えたら，どうなるのでしょうか。シラバスは教師と学生たちとの「契約書」と言われるのですが，実に，怖いことです。

私が学科長をしていたとき，こんな経験があります。ある学生があるコースで「Ｃ」という成績を取ったのですが，おかしい，と言ってきたのです。自分は一生けんめい授業にも出たし，レポートも書いたと言うのです。どう処理するのか，とても困惑した経験がありました。訴えてきた学生に，担当の教師に申し出るようにと言ったのですが，すでに申し出たが，聞いてもらえなかったと言うのです。このことを担当の教師に言うのもはばかられ，この時はそれで終わったように記憶しています。

もう１つは，複数の学生たちがある教師の授業は「何を言っているのか，わからない。変えてほしい」と言って来たことです。何回かの授業を記録したテープも持って来ましたので，わたしも聞いてみましたが，学生の言うとおりでした。幸い，新しい非常勤講師の方でしたので，その学期で辞めてもらいました。さすがコースの途中で辞めてもらうことはできませんでした。即座の交替は難しいと学生たちを何とか説得したのですが，苦労しました。後になって，聞いたのですが，この講師の方は一流国立大学の教授に栄転されたそうです。日本の大学は言いようもない矛盾をはらんでいる，ということを実感したときでした。

付け加えておきたいのですが，シラバスが以前から，ほぼどこの大学でも作られ，学生たちに配られているアメリカでも，シラバスの第一の機能は教師と学生たちとの間の「契約書」と言われています。しかし，『教授目標の分類学』流の行為動詞でコース目標を記述したシラバスは多くないはずです。

日本語の「契約」と英語の「contract」の間に，何か，大きな違いがありそうです。端的に言えば，日本では，外部評価を気にして，したがって，アカウンタビリティ（説明責任）を意識した文脈の中で，上からシラバスづくりが進行してきています。そのような状況の中で，「契約」の意味が厳しいものになって来ているとは考えられません。

シラバスは学生が科目を選択するのに役立つと言うが
　シラバスのもう１つの機能は，学生の科目選択に役立つというものです。しかし，本当に学生は科目を選択しているのだろうか，という疑問が生じます。日本の大学では，教師も，学生も，ある学部・学科に属しています。また，そこで教えるべき，あるいは，学ぶべき学科目もほぼ決まっています。学部・学科には，１，２年生が履修する専門基礎科目がありますが，これらはほとんど「必修科目」です。３，４年生が履修する専門科目も「必修科目か，選択必修科目」です。こうした学部・学科の専門科目を取り囲むように，語学，体育，全学共通科目があります。しかし，語学や体育は「学科指定科目」である場合が多く，選択の余地はありません。かつて教養教育科目と言われた全学共通科目は選択の幅はひろがりましたが，単位数は減っています。
　そのうえ，多分，どこの大学でも同じようなことが起こっていると思われるのですが，学生が他の学部，学科の専門科目を履修に行くと，「いい顔されない」，「いい成績がとれない」というのが現状ではないかと恐れます。ムラ構造のような体質が大学の中に残っているのです。

3　シラバスは「適切な緊張感を醸し出す」媒体である

アメリカの大学院に留学してシラバスに出会う
　私は，アメリカに留学する前，愛知学芸大学専攻科に１年，名古屋大

第7章 「参加型・参画型」授業のためのシラバスはどうあるべきか

学大学院で5年半学び,1968年から72年にわたって,アメリカのウィスコンシン大学に留学しました。最初の2年は,大学院生として,マディソン校に学び,後の2年は,TA(ティーチング・アシスタント)として,オークレアー校に学びました。なんと,10年間も,大学院に学んだことになります。したがって,多分,長さは問題ではなく,経験の質が大切だと言われそうですが,しかし,私ほど長く,大学院に学んだ教育学者はいないと思います。

ウィスコンシン大学に留学した学期の初め,コースを履修するために,まず,冒頭で触れましたが,授業科目のリストである印刷された「カタログ」を手に入れ,次に,指導教官と相談して受講するコースを選択し,最後に,登録するために,大きなホールで,長い列の後に並びました。コンピューターのない時代ですから,全員のコース登録には,1週間近くかかっていたと,記憶しています。

他方,どのコースでも,最初の授業の時に「シラバス」が配られ,教師から説明をうけました。第1週目はいくつか履修したいコースの授業に出て,シラバスをもらい,どのコースを履修するのか,決めたものです。大学院生は,原則,3コース(9単位)までと,履修制限がありましたので,最初の授業に出て,シラバスを見て,慎重に決めたことを思い出します。

少し余談になりますが,実は,コース選択は,学生にとって重要なだけでなく,教師にとってもとても重要だということを思い知りました。『授業分析研究』といったコースの最初の授業のとき,受講者は7,8人でした。内容的に興味はあったのですが,最初の授業紹介を受けて,小グループでの作業を伴う学習活動が予想されたので,当時の私の英語力では「難しい」と考え,登録を取り消しました。後でわかったことですが,受講者数が規定に達せず,このコースは開講されませんでした。担当した教師はまだ「テニュアー(tenure);終身在職権」がなかった

のでしょうか，これはかなり後になって知ったことですが，この教師は大学を去らざるをえなかったようです。今でも，大学に身を置く人間として，この時のことを少し気にしているところがあります。

　授業のあり方は，当時から多様でした。たしかに，日本と同じように，講義，演習，実験，実習および実技と分けられないことはないのですが，そのあり方は様々でした。コース番号が300台の『アメリカ教員養成史』を登録した時は，大教室に300人近い学生が登録していました。後に，カルフォルニア大学バークレー校に移られた有名な担当教師は，今日でいうところの「白熱教室」に似た授業をすでに行っておられました。まず，毎回，一定時間講義をし，そのあと，質疑でした。学生たちが活発に質問していたことに，留学したばかりの時でしたので，びっくりしていました。

　何より，主に学部の学生たちでしたが，学生たちから次から次へと質問と意見が出ることでした。このクラスにはTAが3人いました。主に，リアクション・ペーパーや小論文にコメントを加えるだけではなく，誤字脱字を指摘し修正し，返してくれていたと思います。

大学院生は平均「B」以上を維持しなければならない

　コース番号600台以上の大学院のコースは，ほとんど，現職教員のために門戸を開いていて，夕方からの授業だったと記憶しています。中には，8時ころから教師の「自宅で」行うというものもありました。クラスは，15人から20人で，小グループ学習が多く組み合わされていました。『カリキュラム編成論』や『教育方法』のような理論的なコースや『教育目標の書き方』のような実践的なコースも履修しました。

　コース番号999は「インディペンデント・スタディ（Independent Study）」でした。指導教官との「契約学習」です。原則は，自分の研究上の関心を追究していく途上で，学科が提供するコースでは充実が期

第7章 「参加型・参画型」授業のためのシラバスはどうあるべきか

待できないとき，自分の追究したいテーマを指導教官に申し出て，認められれば，登録して，単位となるコースです。私は2年目の前期（秋セメスター）に登録せざるを得ませんでした。理由は次のようです。

実は，1年目の後期（春セメスター）に，『成人教育』に関するコース番号700台のセミナー形式のコースを登録しました。クラスは数人で，ほとんど，現職の教師たちでした。当時，成人教育の分野で博士課程を持っていたのは，全米で，ウィスコンシン大学とシラキュース大学の2校だけでした。授業が始まってわかったことは，すべての授業に，アサインメント（予習）があって，授業は毎回予習してきたアサインメントを中心とした話し合いの連続でした。それこそ，今日，日本で脚光を浴びてきている「反転授業」です。フルブライト奨学生試験に合格していたとは言え，とても，議論に参加できる状態ではありませんでした。それでも，教師が時折「日本では，どうか」などと指名してくれたので，当時の英語の力でできる限り答えたりして，クラスでの居心地はまずまずでした。

コースについていけないということは，当然と言えば当然のことですが，英語という言葉の問題よりも，コースで取り扱われる内容の教育学上の意義や意味が理解できないことにあることを，この時，痛感しました。すなわち，その領域での論争点と，論争にかかわっている研究者と研究者が展開している論点を知らなければ，コースについていけないことを痛感しました。

そうこうしているうちに，3週ほどが過ぎ，登録を取りやめて，別のコースを履修する手続きをする時期を逸してしまいました。結果，このコースの成績は「C」でした。大学院生は「B」平均を維持しなければなりません。さもなければ，「キック・アウト（放校処分）」をくらいます。実に，簡単な手続き問題で，単純に，次の学期，登録用紙が郵送されず，それで「おしまい」というわけです。私の場合は，留学生ですか

ら，直ちに帰国しなければなりません。こんな事情を指導教官に話して，「インディペンデント・スタディ」を認めていただき，私としては，日本でのカリキュラムについて，相当力を入れて「よいもの」を書いたつもりです。もちろん，「A」をいただき，「B」平均を維持したというわけです。

「アサインメント」をこなしていかなければ，授業についていけない

　少し本題からずれることを承知していますが，今日，日本の大学生の学習時間がアメリカの大学生に比べて短く，1日4.6時間という調査結果が示されています（東京大学・大学経営政策研究センター『全国大学生調査』2007年）。平成24年3月に公にされた中教審大学分科会「審議のまとめ」は，学士課程教育の質的転換を図る手段として，ここに焦点を当てています。もともと，大学設置基準では，第21条で，授業時間以外に，予習・復習を含めた時間（1単位は15～30時間）を学習時間としているというのです。この原則に戻そうというのでしょう。そのために，大学の学習は，高等学校までの「学習」ではなく，「学修」と呼ぶべきであると言われてきています。

　たしかに，アメリカの大学生と日本の大学生の「学修時間」には，大きな違いがあるように見えます。特に，アメリカの州立大学に留学した学生の目にもそれが映ります。「大学町」と言われるように，町の中心は大学で，人口構成も大学関係者が大部分です。日本の大学生のように，アルバイトをする場所が多くありませんし，「サークル活動」は盛んではありません。図書館は極めて大きく，学期中は，たくさんの学生が利用しています。それに，ステューデント・ユニオン（Student Union）と呼ばれる学生センターで，本を読んでいる学生も多いのです。こうした外見上の違いを見て，アメリカの大学生の学修時間がより多いと断定することは，避けるべきでしょう。とは言え，そのような印象が残るこ

第7章 「参加型・参画型」授業のためのシラバスはどうあるべきか

ともたしかでしょう。

問題は「学修時間」という量的問題ではなく，授業の質に関わって考えられるべきでしょう。その中心的な要素はアサインメント（予習）にあると思われます。

まず指摘できることは，学生がアサインメントにかける時間は相当なものだということです。テキストや資料を常に読み続けないと，コースについていけません。授業は，アサインメントをやってきたという前提で行われるからです。今時になって，日本では，「反転授業（Flipped Classroom）」ということが騒がれていますが，なにか，違和感があります。もちろん，当時のアサインメントはもっぱら文献を読むことで，今日では，DVDなど視聴覚教材に依存したものであることは承知していますが，私の受けたかなりの授業は「反転授業」でした。アサインメントを事前にこなしてくることは，アメリカの学生にとっても，極めて大きなプレッシャーです。私のような留学生にとっては，語学的なハンディーを大きく背負っていて，特に，大きなプレッシャーでした。

留学して2年もすると，英語の力もついてくる上に，授業で問題になっているポイントとその文脈がわかってくるので，アサインメントも一気にやりやすくなります。そして気づくことは，事前にアサインメントをしておけば，授業についていくことはたやすく，楽しくなるということです。すなわち，楽しむことのできる「プレッシャー」に変わってくると言えるのです。

当然，コースからドロップ・アウト（履修をやめる）してゆく学生も多くいます。コース番号100〜500台の原則，学部生のコースでは，クイズと呼ばれる小テスト，それと，コースの中間頃に行われる中間試験やレポートで，それまでの成績がわかり，最終段階までにリカバーできる見込みがないのなら，途中でドロップ・アウトしないと，大変です。大変と言ったのは，大学院生は「B」平均を，学部生は「C」平均を維

持しないと,キック・アウト(放校処分)をくらってしまうからです。

第8章
学生たちに果敢に挑戦する，自分らしい「コース・シラバス（授業計画案）」を作成しよう

　前章で見てきたごとく，日本では，ほぼ同じシラバスの書式が決められていて，教師は今までの講義の内容を各項目に沿って，埋めていくだけという姿を取っているため，作られたシラバスに個性がなく，革新性がありません。
　しかし，大学教育の質的転換を目指している今，シラバスは質的転換の方向を反映して書かれるべきです。すなわち，学生たちの主体性，創造性を育み，学生一人ひとりが大学での学習を自分のものとし，自らの個性を育むことを目指して，教師はより革新的なシラバスを作成すべきです。現在のシラバスと区別して，これを自分だけの『コース・シラバス（授業計画案）』と名付けておきます。
　現在のシラバスは「授業概要」あるいは「講義要項」として活用して，アメリカの大学に見るように，教師は「自分らしい」シラバスを作成するべきです。まず，Ａ４判１枚ということは考えられません。書式も基本的項目はあるとしても，もっと，開放的かつ自由であるべきです。
　この，もう１つの革新的な『コース・シラバス』を第１回目の授業のとき「授業計画案」として学生たちに配布することを提案したいのです。
　さらに，「参加型」講義モデルによる授業はこの「コース・シラバス」だけでもよいとして，教師と学生との契約型学習という性格を持つ，「参画型」演習モデルによる授業では，必ず『学習ガイド』や『学習パッケージ』も一緒に配布すべきです。これは本書での私の提案です。そのことによってこそ，成熟期を迎えつつある大学にふさわしい新しい授業を保障することができる，と考えます。

1　アメリカの大学の「シラバス」について検討する

アメリカの「syllabus」と日本の「シラバス」は別物である

　日本でも，カタカナで「シラバス」と表記されますので，混同しかねないのですが，アメリカの「syllabus」と日本の「シラバス」は全く別物です。記載する項目が似通っていますし，「契約書」という機能が伴っていますので，誤解を招きやすいのですが，両者は大きく違っています。

　繰り返しますが，日本のシラバスは「授業概要」か「講義要項」と言ってよいものです。わずか，Ａ４判の用紙１枚と短く，書き入れる項目の中心は「到達目標，授業計画（スケジュール），評価成績」の３つの項目です。ぱっと一目見て，コースの概要がつかめる程度といったものです。しかし，アメリカのそれは，おおよその項目は似通っているのですが，Ａ４判の用紙にして，約６〜10枚と充実していて，大いに柔軟で，コースにより，教師により違い，個性的なものです。

　結論から先に述べておきますと，現在，作られている「授業概要」あるいは「講義要項」と言ってよい，日本のシラバスはいろいろな目的を持って推進されてきたものですから，そのまま続けていくこととして，授業の第１日目に学生たちに配布するもう１つ別のシラバスを作成することを提案したいのです。これを私の，あるいは，学科目の『コース・シラバス（授業計画案）』と名付けておきます。（案）としたのは，学生たちの希望や願いを受け入れて，修正も可能という意味です。また，特に，授業計画（スケジュール）に柔軟性を与えて，コースの途中での修正を可能にしておきたいのです。

　難しいことではなく，現在教師が作成しているシラバスをベースに，形式や書式に縛られず，自分の考えるコースの構想に合った，もう１つ

第8章 学生たちに果敢に挑戦する、自分らしい「コース・シラバス（授業計画案）」を作成しよう

「別の」シラバスを作ればよいのです。また、その呼び名ですが、すでに、シラバスがほぼすべての大学で作られていることを考えると、『○○学科、コース・シラバス』と呼んでおきます。それは柔軟で、個別的、個性的なものです。『○○先生、コース・シラバス』としゃれて呼んでもよいかもしれません。

こうした『コース・シラバス』を作成するために、すでに長い間シラバスを作成してきているアメリカの大学から学びたいと、考えます。検討資料として、たまたま、入手したシラバスは、ミネソタ大学（教育・人間発達学部）の7つ、ノース・カロライナ州立アパラチアン大学（教育学部）の4つ、ミネアポリス・コミュニティ＆テクニカル大学の2つ、エール大学（アメリカ研究学部）の2つ、です。これらの15のシラバスを事例として利用していきます。

（ミネソタ大学（教育・人間発達学部）とミネアポリス・コミュニティ＆テクニカル大学のシラバスは宮城麻利さんから、ノース・カロライナ州立アパラチアン大学（教育学部）のそれは Dr. Claire Mamola から、エール大学（アメリカ研究学部）のそれは次女恵理から入手しました。ありがとうございました。）

内容が重要であって、形式にこだわっていない

ここに、10年ほど前に書かれたものですが、11の大学から得た200のシラバスについてまとめたアメリカの論文があります。この論文によれば、シラバスが共通して持っている「項目」が次のようにまとめられています。(J. Parkes and M. B. Harris, 'The Purposes of a Syllabus,' College Teaching, 50.2, Spring 2002)

シラバス（syllabus）の形式（A4判　約5〜10枚）

コース名、シラバス番号、年度・学期

1　基礎情報
   教員，研究室（オフィス），メール・電話，オフィス・アワー
   授業時間，教室
2　コース・マテリアル（Course Materials）
   使用するテキスト，補助資料
3　コース・インフォーメイション（General Course Information）
   事前履修科目・同時履修科目，単位数，学科提供コース
   「カタログ」記載情報
4　コース目標（Course Objectives）
5　コースの進め方（Course Procedures）
6　評価と成績（Assessment and Grading）
7　専門性から来る約束事（Expectation of Professionalism）
8　コースで要求されていること（Course Requirements）
   倫理（Ethics），態度（Behaviors），勉強態度（Work Habits）
9　その他のコース方針（Other Course Policies）
10　このコースで成功を修めるために（How to Succeed in This Course）
11　その他の情報（Additional Resources）
12　仮のコース予定（Tentative Course Calendar）

　こうした項目からできているアメリカのシラバスは，前章で見てきた日本のシラバスとは，大きく違っています。しかし，重要なことは，教師が「あってほしい」と願う授業のあり方を描いていることであって，シラバスの表現形式ではないのです。ちなみに，日本のシラバスで強調されている「授業計画（スケジュール）」に相当する，12の「仮のコース予定」という項目は，ここでは，最後の項目にすぎないのです。
　内容が重視されている事例として，上記8の「コースで要求されてい

第8章　学生たちに果敢に挑戦する，自分らしい「コース・シラバス（授業計画案）」を作成しよう

ること」の中で，アサインメント（予習，学習課題）を重視した，次のようなシラバスがあります。全部で13ページのものです。

事例1
　コース名『通常学級で特別なニーズを必要とする生徒の指導法』
　2011年秋学期　　（ミネソタ大学，教育・人間発達学部）

8　コースで要求されていること（Course Requirements）
　(1)　出席，参加度とチャット：(45ポイント)
　(2)　あなたのプロフィールを Moodle（第5章の2，参照）に載せる：(10ポイント)
　(3)　テキストの章ごとのレビュー：(120ポイント)
　(4)　試験：(60ポイント)
　(5)　「論文を読んで」とディスカッション：(75ポイント)
　(6)　活動：(およそ60ポイント)
　(7)　マルチメディア・リアクション・ペーパー：(20ポイント)
　(8)　コース・パケット・アサインメント：(41ポイント)
　(9)　ポートフォリオ・プロジェクト：(100ポイント)

特色は「学習ツール（learning tool）」という機能にある
　また，この論文では，こうした項目から構成されるシラバスには3つの役割があると言います。1つは，前章でも述べたように，教師と学生の間の「契約書（contract）」としての役割です。シラバスは授業に対する教師と学生の責任について書き込んであるものです。出席，アサインメント，試験やその他の必要事項です。また，シラバスには，コースに関する方針や授業の仕方が書いてあります。
　もう1つは「保存記録（permanent record）」としての機能です。コ

ース名，授業者，日付，単位，授業目標，授業計画，成績評価などの記録が残ります

　今日，日本では，「契約書」としての役割はかなり強調されていますが，しかし，前章でも指摘した通り，実際のところ，一般的な意味での「契約」という概念は大学での授業に不向きな面が多いことはたしかでしょう。そもそも，契約内容と考えられる授業の目的を後で検証可能な形で記述することは難しい作業です。また，契約内容を履行する授業という活動が「直線的なもの」とはならない可能性が常にあります。授業の結果，契約内容とは違った内容が達成されてしまうことも多々あるものと考えられます。すなわち，授業が終わって，契約違反と訴えることにも，大学での授業にはなじみません。

　また，日本でも，シラバスは冊子の形として配られる以上，「保存記録」として機能を持ちます。これら2つのシラバスの機能については変わるところがない，と言ってよいでしょう。ただ，日本では「保存記録」としての機能は強く意識されていないようです。

　さらにもう1つは，アメリカのシラバスで強調されていることですが，シラバスは学生にとっての「学習ツール（learning tool）」である，という機能です。学生が，登録したコースを履修していくために，どのようにプランすべきか，授業以外にどれだけの時間を予習や復習にさくべきか，アサインメントをどうするのか，どこに行ったら支援が得られるのか，などの情報がシラバスによって提供されています。

　後に再度指摘する予定ですが，この「学習ツール」という機能は，日本では，ほとんど意識されていないように見えるのですが，「学習ガイド」の役割を担っている，と言えます。シラバスにこの役割が付加されたことによって，伝統的な講義に学生たちが「参加」してくることになった，と考えられます。言いかえると，学生たちが主体的に，創造的に講義に取り組むことを期待して，シラバスが書かれているということで

第8章　学生たちに果敢に挑戦する,自分らしい「コース・シラバス(授業計画案)」を作成しようす。

学生を「アクティブ・ラーナー（active learner）」に仕立てる

　シラバスが当面している課題は，大学での授業にふさわしいものとして，発展させていけるかどうかということです。何か，日本のシラバスは，アカウンタビリティ（説明責任）という圧力に屈して，「契約書」という機能を強調しすぎているように見えます。はっきり言えば，それは授業を履修する学生たちのためというより，大学の管理に当たる人々のためでしょう。そもそも，通俗的な表現ですが，「授業は生き物です。」「角を矯めて，牛を殺す」ことになりかねないのです。

　第2章で見てきたように，従来からの講義式授業はカテゴリーAとBの領域に属し，そこでは教師だけが教育内容について，もちろん，教育方法についても，コントロールしていて，学習者である学生たちが全く受け身な立場に置かれてしまっています。こうした状況を改革し，学生たちを積極的な学習者（active learner）に仕立てようとするためにシラバスは作成され，使用されるべきです。したがって，アメリカの大学では，シラバスの持つ「学習ツール」という機能に最大の力点が置かれている，と考えられます。

　事例として，大学の教師のためのFDコース『シラバスのねらい』にある「10　このコースで成功するために（How to succeed in this class）」では次のように書かれています。FD（Faculty Development）コースとは教職員の職能成長を目指して開かれる研修コースです。

　事例2
　　コース名『シラバスのねらい』（J. Parkes and M. B. Harris, 'The Purposes of a Syllabus,' College Teaching, 50.2, Spring 2002, p. 59）

10　このコースで成功を修めるために（How to Succeed in This Course）

このコースを担当する私は，次のようなことを考慮してほしい，と願っている。

1）大学レベルの教員として，このコースを日々の生活と直接結びつけて考えてくれると，最も有益なものとなる。このコースで学んだことを，毎週毎週，応用し，挑戦することのできる機会を常に見つけようとしてほしい。

2）アサインメントは，よい参考事例になるように提出している，と自覚してほしい。アサインメントに，自分が計画した以上の時間をかけてほしい。

3）他の教員の作成したシラバスを批判することは，彼らのためになると同じように，あなたのためになると，考えてほしい。

講義の中に，発表，話し合い，作業，ワークショップなどが組み合わされている

注意しておきたいことは，今日のアメリカの大学には，日本の大学にあるような「講義」と「演習（実習，実験・実技を含んで）」というかなり明確な区分がないということです。ここで，講義という時，それは大学での授業の全体を意味しています。

学生たちを「アクティブ・ラーナー（active learner）」として迎え入れるためには，教師による講義の中に，学生たちが発表したり，話し合ったり，作業したりする学習活動を組み込まねばなりません。前項で見たシラバスの中の「5　コースの進め方（Course Procedures）」を見ると，このことがよくわかります。次のような3つの例が一般的です。

(1)　「このコースは月曜日12時から1時まで，シンプソン・ホールの125教室で行う。授業は，各週のアサインメントにしたがって読

んでくることになっている資料をベースにした，話し合いである。同時に，ワークショップを行って，シラバスを構成する各項目の試案づくりをする。」

(2)　「授業は学習者中心で，リーディングとアサインメントに中心を置く。話し合いへの参加，小グループ・ワーク，その他の活動からなる。したがって，授業への出席は必須であり，必要である。それはあなた自身の利益にもなるし，一緒に学ぶ同僚たちと経験やアイディアを共有することにもなる。また，リーディング（資料を読んでくること）とアサインメントを所定の日までにやってくることはこのクラスで成功を修めるために大いに役立つことで，リーディングに関しては詳しく掘り下げて，話し合う予定である。授業はあなたがリーディングとアサインメントをやってきているという前提で進めていく。」

(3)　「教室での授業は（おもにアサインメントとして出したリーディングに焦点を絞った）プレゼンテーション，講義，話し合い活動と，教室での作業である。」

　これらの授業は，教師による講義がベースになっていますが，そこに，日本で言う演習や実習や実技が加わっていることがわかります。このように学生の学習活動が授業を構成する重要なものとなってくると，自ずから，シラバスに学習のためのガイドの要素が加わってくるのです。実は，シラバスの「学習ツール」という機能は第6章で述べておいた『学習ガイド』という概念に近いもの，と言ってよいのです。

学習への「動機づけ：誘い掛け」に役立つべきものである

　先に，学生にやる気がない，意欲がないと嘆く教師が多いと述べておきましたが，アメリカの大学でも，大学の大衆化に伴って，同じなのでしょう。シラバスに「動機づけ」の役割を期待していて，興味深いです。

もう1つのシラバスに関する論文では，シラバスは学習への「動機づけ」に役立つものであるべきである，と主張されています。どの授業についても言えることですが，教師は学生たちに興味を持ってもらうことに腐心するものです。その努力の一部をシラバスに負わせようと言うのです。
　シラバスができる授業への動機づけにはいくつかの方法が考えられますが，この論文は，まず，「誘い掛け」，しかも，ソフトな誘いを強調します。(J. M. Slattery & J. F. Carlson, 'Preparing an Effective Syllabus: Current Best Practice,' College Teacher 53.4, Fall 2005)
　今の学生たちは「自分たちは授業に対して無力であり，努力は報いられるとは限らず，成功は運次第で，失敗は自分の力ではどうにもならないもの」と深く信じ込まされているが，シラバスはこのことに挑戦すべきである，というのです。私自身が留学時代に受けとったシラバスについても言えるのですが，全体に目を通してみて感じることは，シラバスには「温かく，友好的なもの」と「フォーマルで，とげとげしした感じを与えるもの」があります。そこに，教師の持つ雰囲気や考え方が反映している，と言えなくもないのです。特に，最初の授業での教師の説明とその時の態度からも，このことがわかります。人間は直観力があって，大げさに言えば，この教師が授業に対してどこまで，「自分を賭けているのか」感じ取ることができるものです。もちろん，それはそのまま，「自分自身はそれにどう応えるべきか，自問自答する」ことにつながっているのです。
　日本の大学にも，選択必修科目や選択科目があり，こうした教師の授業にかける意気込みと，それに対する学生たちの気合いとの駆け引きができるのですが，アメリカの大学のようではないように思います。「楽勝コース」という表現は，実に浅はかな，薄っぺらな感じがします。
　この論文では，「温かく，友好的な」トーンを持ったシラバスの方が

第8章　学生たちに果敢に挑戦する,自分らしい「コース・シラバス(授業計画案)」を作成しよう

学生を積極的な学習者に仕立てる，というのです。

シラバスは「契約書」というトーンは固く，「フォーマルで，とげとげしした感じを与えるもの」というイメージを与えかねないのです。ことによっては，学生たちの授業への積極的な参加を阻害しかねないのです。この点注意が必要です。

学習への「動機づけ：このコースの面白さ」に役立つべきものである

この論文では，さらに，学習への動機づけに関して「このコースの面白さ」を訴えていることが重要である，と言っています。

シラバスに描かれるコースの特色，特に，「4　コース目標（Course Objectives)」に述べられている内容が「このコースの面白さ」につながっていることが理想でしょう。しかし，そう思う学生はめったにいないと思われます。まして，行為動詞で書かれた「到達目標」と，ほぼどのシラバスにも記載されているパーセントで示された「配点基準」を見て，「このコースの面白さ」を感じ取る学生は皆無でしょう。面白い事例を紹介しておきたいと思います。それは他の学問領域と比較して，これから学ぼうとする科目の特徴を述べたものです。

事例3
　　コース名『地理学：物理的環境』
　　2012年春学期　　（ミネアポリス・コミュニティ＆テクニカル大学）

3　コース・インフォーメイション（General Course Information）
地理学：物理的環境にようこそ(Welcome to Geography :The physical Environment)
　1　地理学とは何か。
　　　ギリシャ語のgeographyは，"地球を描くこと（the description

of the earth)"という意味である。もし地理学とは何かと人に問うと，国名，首都，自然的特徴，それに，生産品を暗記することと答えるであろう。いやな事だ。実際，アメリカの学校も含んで，いくつかの国では，そう答える人が多いであろう。しかし，どこに"特徴"があるかといった基礎的な知識は初めの一歩にすぎない。より重要なことは，地理学者は人間がこの地球の上に社会的・文化的活動をどのように組織してきたか，また，人間がどのように環境と相互にかかわってきたか，（自然環境と，都市のような人間が作り出してきた環境も含んで）ということについて，理解し，説明することを追求してきた人たちである，ということである。

では，なぜ重要なのか。地理学者は環境という観点から，政治的，経済的，社会的，医学的な現実問題の解決の手助けをしようとしてきている人々である。

　2　地理学は他の社会科学とどう違うのか。

地理学者は，歴史学者が"時間（time）"という概念に焦点を当てるように，"スペースと場所（space and place）"という概念に焦点を当てる。歴史的に言えば，地理学は，すべて"スペースと場所"にかかわるのであるが，次の4つのテーマを問題としてきた。

- 場所の特性（どんな"もの"が"場所"を形成してきたのか）
- 場所の多様性（どのようにして，また，なぜ"もの"は場所によって違うのか）
- 場所と場所の結びつき（それぞれの場所はお互いどのように結び付いているのか）
- 場所の進化（場所は時間とともにどう変化してきたか）

　3　物理的地理学とは他の自然科学とどう違うのか。

人類と他の生き物の住処としての地球を意識しながら，地球上の生き物に影響を与えるであろう自然の領域に焦点を当てる。物理的

第 8 章　学生たちに果敢に挑戦する，自分らしい「コース・シラバス（授業計画案）」を作成しよう

　地理学の中で私がもっとも好きなことの 1 つは，単に，他の社会科学からだけではなく，生物学，地学，気象学や生態学といった多様な領域からの情報を合体させることである。これらすべての知的領域の専門家になることは不可能であるが，地理学者は飽きるということを知らない。

2　「参加型」講義のための『コース・シラバス（Course Syllabus）』を作る

アメリカの大学のシラバスから学び，『コース・シラバス』を作る

　第 2 章でも述べましたが，日本の大学では，法規の上で，授業は講義と演習（実習，実験・実技を含む）に分けて考えられてきています。教師も学生も，ごく日常的に，講義と「演習（ゼミ）」などと使い分けています。

　前者は主に 1，2 年生が履修する全学共通科目（教養科目，語学，体育）や専門基礎科目で，大きな規模のクラスの授業を意味し，後者は主に 3，4 年生や大学院生が履修する専門科目で，小規模なクラスの授業を意味します。

　前項で見てきたように，アメリカの大学では，講義と演習，実習，実験・実技の区別が，日本の場合のように，はっきりしていないのです。また，講義と言っても，すでに見てきたように，アサインメントを事前にやってきていることが前提で行われます。当然，そこには自然に，教師と学生たちの言葉のやり取りが生じます。また，講義の途中で，学生同士の小グループでの話し合い活動や作業活動が行われます。1 校時すべて教師の口頭による話というあり方はまず考えられません。

　私の経験したことを付け加えておきます。実は，アメリカでも長く教師による講義が大学での教え方の主流でした。60 年代，70 年代の学生運

動の中で，現在のような学生が「参加」する講義に変化してきたのです。

　お話ししたように，私は1968年から1972年，ヴェトナム反戦運動の真っただ中に留学しています。C.シルバーマン（Charles Silberman）の『教室の危機（Crisis in the Classroom）』を中心とするインフォーマル教育に関する少人数のクラスを履修した時のことです。教室の机の配置は従前どおり黒板に向かって整然と並んでいるというものでした。私たちは，決まって毎回，サークル型に再配置して使っていました。当時の大学にかかわる人は，授業とは，教師の話を聞くことと考えていた証拠です。

アサインメントを前提として講義をする

　話を戻しますが，第1に，アメリカでのシラバスのあり方から学ぶことは，講義式授業をアサインメントにベースを置いて構成するということです。すなわち，「反転授業」が授業なのです。

　アサインメントは事前に行っておくべき宿題と言ってよいでしょう。一般的には，テキストやハンドアウト（資料プリントなど）の1，2章を読んでくることです。ただ読んでくるだけでなく，読んだことをまとめておくべき宿題です。また，事前に学習課題が出されていて，それについて学習してくることがもう1つのアサインメントです。第2章で提案した，2の「アサインメント＋講義」モデルの原型がここにあります。

　第2章でも少し触れておきましたが，このところ，注目されている「反転授業（Flipped Classroom）」はアサインメントの種類が違います。今では，当時と違って，アサインメントとして，それぞれの時間で取り扱う主題にかかわる，主にビデオを鑑賞してくるというものです。そのねらいは学習課題を事前に自分でとらえてくることにあります。したがって，授業への導入がスムースに行われることが期待されますし，同時に，アサインメントをしてくることによって，学習への動機づけがなさ

第8章　学生たちに果敢に挑戦する，自分らしい「コース・シラバス（授業計画案）」を作成しよう

れることも，期待されます。この手法は，1990年代にヴァンダービルト大学（Vanderbilt University）で開発された『ジャスパー・プロジェクト（Jasper Project）』と同じです。

小グループによる話し合い活動や作業を織り込んで講義する

　第2に，講義式授業の途中に学生同士の小グループでの話し合い活動や作業活動を挿入することです。アメリカのシラバスには，コースの進め方（Course Procedures），コースについての説明（Course Description）といった項目があって，そこに授業形態が書かれているのが一般的です。前項で見たように，小グループによる話し合い活動や作業活動が講義の間に組み入れられている場合が多く，教師による講義だけの授業というのは，私が留学したころから，ほとんどないと言ってよいでしょう。

　「コースについての説明」で，次のように言っているシラバスを見つけました。

　「このコースは，知識は社会的に構成されており，学習は学習者の積極的な参加によって成り立つものという前提に立っています。したがって，学生は，教室の内外で，この役割を自覚して学習コミュニティのアクティブなメンバーとして行動してほしい。」（アパラチアン州立大学）

　アメリカの大学の授業は予習，復習を含んで計画されていますので，小グループによる話し合い活動や作業活動の学習課題は，アサインメントとして出題されているのが一般的です。したがって，アサインメントを事前にやってこないと，授業についていけなくなると言えます。ただし，今日の学生は多忙で，アサインメントをやらずに授業に参加する学生がいることもたしかです。その証拠に，アサインメントについての記述は詳しく，事前に提出を義務付けているシラバスが多いのです。

「指導計画（案）」として提示し，修正を考慮する

　第3に，日本で人気の高い「ダイアローグ型講義」モデルと位置付けてみた『白熱教室』から学びたいと考えます。
　この形のモデルは他のシラバスとはかなり違ったものになるでしょう。なぜなら，教師による最初の問題提起の後，学生たちが自分の意見とその根拠を開示していくのですが，対立している意見の識別と位置付けは，教師のその場その場での判断力に大きく任されているからです。
　さらに，追究して聞くべき方向や，関係する別の問題の取り上げ方は教師に大きく依存しているからです。また，授業はその場その場での柔軟な対応を余儀なくされるからです。
　言い換えると，主題となる価値葛藤問題をめぐって，教師は事前に学生たちの予想される反応を読み込んでいなければなりません。このような手法の講義に対して，シラバスを作るとしたら，前項で見た項目の中で，逆順にしますが，特に次のような項目が他のシラバスとは違ってくると，私は考えます。

12　仮のコース予定（Tentative Course Calendar）
 8　コースで要求されていること（Course Requirements）
　　倫理（Ethics），態度（Behaviors），勉強態度（Work Habits）
 5　コースの進め方（Course Procedures）

　12の項目ですが，「仮のコース予定」というように，学生のニーズや希望を聞いて，修正していくことを示しています。そうは言いながらも，特に専門基礎科目や専門科目では，一般的には，教師が事前に決めたコースにしたがって授業は進んでいくのですが，それでも，第1回目の授業でシラバスについて説明するとき，学生たちの希望や願いを聞き入れることは重要です。その意味で，「コース・シラバス」は日本語にした

とき「授業計画（案）」としておいたのです。
　また，価値葛藤場面を題材とする『白熱教室』のようなコースでは，柔軟なコース運営が重要で，コースの途中で予定していないトピックの挿入を可能にしておくべきです。
　8の「コースで要求されること」にある倫理，態度，勉強態度ですが，特に価値葛藤場面について自由に意見を述べることになると，差別的な意見や発言になる場合が往々にして生じます。寛容さも要求されます。こうしたことについて，この項目ではっきりと書いておくことになると思います。次の例はその1つになりそうです。
　「学生の取るべき行為について『学生ハンドブック』の中で触れられています。私としては，それぞれの学生の持つ背景や経験が違い，また，教育に対する期待も違っているとしても，学生同士お互いに尊重し合うことを期待したい。同じクラスの学生の言うことをよく聞き，敬意を持ってこそ，お互いに理解しあえるものである，と考える。」（ミネソタ大学）

3　「参画型」演習のための『コース・シラバス』を作る

アメリカのシラバスには，「学習ガイド」の役割が組み込まれている
　先に，アメリカの大学では講義と演習（実習，実験・実技を含む）と分けて考えられていないと言いました。講義をベースにして，そこに演習の要素が組み込まれてきている，と言えます。シラバスに「学習ツール」としての役割が期待されているのも，こうした講義と演習の組み合わせによって，今日の授業が成り立っているからと，言ってよいでしょう。したがって，アメリカのシラバスには，第6章で考えてきた『学習ガイド』の役割が「学習ツール」という形で組み込まれているのです。
　別な言い方をすると，日本のシラバスがA4型1枚のものであるがた

めに，改めて，「学習ガイド」が必要になってくる，と言いたいのです。アメリカで，「学習ガイド」の必要性がしっかり意識されていないのは，数ページからなるシラバスの中に「学習ガイド」の要素が入り込んでいるからです。

　とは言え，多くの授業で学生に課せられるアサインメント，学生による発表とそれについての質疑，小グループでの話し合いや作業といった演習部分が多くなると，学習ガイドに当たるものの必要性が意識されてくると，考えられるのです。

　他方，先に述べたタスク・ストリーム（Task Stream）やムードル（Moodle）などの学習支援システムが学習を「ガイド」していく役割を果たしている，とも言えるのです。今後，日本でも，コンピューターを介した学習支援システムが活用されていくでしょう。

　それでも，今回，たまたま，入手した13のシラバスの中で，2つのシラバスは，明らかに，「学習ガイド」の役割を意識して書かれています。

　1つは，「授業でとったノートを振り返り，また，中間試験と最終試験のための学習ガイドにしたがって，学習すれば，いい成績が取れるはずです」（ミネソタ大学）という記述があり，このシラバスの場合は中間試験と最終試験のために学習ガイドが配られていると考えられます。

　もう1つは，同じミネソタ大学のシラバスに見られるもので，学生たちは4つのアサインメントを教師に提出するのですが，それぞれのアサインメントについて「自己評価表」を付けて提出することになっています。この場合の「自己評価表」は一種の学習ガイドの働きをしていると言えそうです。

演習には『コース・シラバス』と共に，「学習ガイド」を用意する

　上に見てきたような，シラバスの持つ「学習ツール」の機能や，タスク・ストリームやムードルなどの学習支援システムによる学習ガイドの

第8章　学生たちに果敢に挑戦する，自分らしい「コース・シラバス（授業計画案）」を作成しよう

役割や，さらに，ワークショップ型授業に見る学習ガイドの役割は，私が導入したいと考えている契約型学習としての演習ではないことはたしかです。

繰り返しますが，アメリカの大学では，講義という伝統的なあり方に，徐々に，実習，実験・実技を含んだ演習が組み入れられてきました。そのことによって学生たちを「アクティブ・ラーナー」に仕立てようとしてきたのです。今日のアメリカの大学のシラバスはこうしたあり方を支援するために制作されてきたものです。

それに対して，私が導入したいと考えている契約型学習としての演習は，学生たちの主体的，創造的な学習活動を保障するものです。教師が学生たちの学習活動をコントロールしてきた伝統的な授業を改革するための手立てです。

学生たちが教育方法と共に教育内容にもヘゲモニーを発揮していく「参画型」演習のためのコース・シラバスは，柔軟で，開放的であるべきですが，同時に，学生たちの自学自習を支援する『学習ガイド』を伴うべきだ，と主張したいのです。

ワークショップ型演習のためのコース・シラバスも「学習ガイド」を含む

今日，ワークショップ型の授業も一般化してきていて，この場合は，意識されていないだけで，シラバスそのものが学習ガイドの役割を担っているのです。次の例はコンピュータ・ラボで行われる『メディアとテクノロジーを統合して指導に生かす（Integrating Media and Technology into Teaching）』（アパラチア州立大学，教育学部，2011年春学期）というコースのシラバスにある記述です。

1）指導方法（Methods of Instruction）

「講義はほんの少しです。代わって，みなさんの学習活動が中心で

す。その際，演示や実演によってやり方を示します。みなさんはお互い助け合って学習してください。もし質問があったら，あるいは，わからないところがあったら，遠慮なく質問してください。」
 2）プロジェクト
  ・ウォームアップ活動：写真の取り込み方
  ・インターンに行く人たちに当てたニュースレターづくり
  ・児童書をベースにしたビデオづくりとムービーづくり
  ・学級ウェブページづくり

4　教師自身が主体的，創造的な挑戦者でなければならない

教師自身がどのように知識に対し主体的，創造的に挑んでいるのか
　教師は「自分らしい」シラバスを書かねばなりません。もし学生たちの主体性や創造性を育てようとするならば，教師自身がまず主体的に，かつ，創造的に授業に挑戦しなければならないはずだからです。端的に言いますと，自分の主張したいこと，すなわち，自分が挑戦していることを出して，魅力的な授業を展開しなければならないのです。
　第1章で見てきたように，学生たちは「⑤主張が一貫している授業，⑦学生の興味に合わせた授業，⑧生きる手段，生活，仕事などに関連する授業」を良い授業とみなしているのです。吟味して見れば，このような表現は稚拙なものです。わずかな時間で書いてもらったリアクション・ペーパーですから仕方ないのですが，こうした言葉で表現された「良い授業」は大学教師に何を語りかけ，何を求めているのか，改めて考えてみたいのです。もちろん，特に第2章で問題としてきた「知識基盤社会」という文脈の中で考えるべきです。
　1つは，知識を取り扱うことを主たる役割としている大学で教えている「あなた自身は専攻としている学問や科学とどう向き合っているのか，

第8章　学生たちに果敢に挑戦する，自分らしい「コース・シラバス(授業計画案)」を作成しよう

わたしたちに授業で話してほしい」と問いかけている，と言ってよいのではないでしょうか。本書で問題としてきている知識の伝達と創造に，教師としてどうかかわってきているのか，授業で話してほしい，と言っているのだと考えます。言いかえると，知識の伝達に与して，知識を切り売りしてきているのか，それとも，創造することに与して，多少なりとも努力しているのか，と問うているのではないでしょうか。

　「⑤主張が一貫している授業」という表現は，もちろん，多義的です。話がバラバラで何を言いたいのか，わからないといった表面的なことを意味しているように聞こえますが，しかし，大学の授業であるからには「しっかりした主張のある話をしてほしい」という期待と，要求かもしれません。当然，そのためには，知識の創造に踏み込んでいなければなりません。学者として，研究者として，学問や科学へのコミットがなければできないことです。どこで，どのように既存の知識と戦ってきているのか，学生たちは授業で知りたいのです。

　と言って，第1章で見たように，「さまざまの解釈を許さない授業」，「ある思想，イデオロギー全開の授業」は悪い授業である，と言っているのです。

教師自身がどんな社会的，文化的貢献をしようとしているのか

　学生たちが良い授業としている「⑦学生の興味に合わせた授業」と「⑧生きる手段，生活，仕事などに関連する授業」は相互に関係していると考えます。学生たちは，知識と社会的貢献とを切り離して考えてはいない，と言ってよいでしょう。大学で学ぶことは生きる手段，生活，仕事などに関連しているべきで，そこに興味と関心を持っている，と言ってよいでしょう。

　もう1つは，授業で知識を取り扱っている教師に，「あなた自身は知識のもつ社会的，文化的貢献についてどう考えているのか語ってほしい」

と問いかけている，と言ってよいのではないでしょうか。このことは従来からの学部，学科で教えてきている教師にとって考慮しなければならないことでしょう。本来，学問や科学は生きる手段，生活，仕事など深く関連して発達してきたはずです。しかし，こうした側面に対して大学の教師が関心を持ってきたかどうかは別の話です。

近年新しくできてくる大学や学部，学科の名称は極めて多様です。調査によれば，学部の名称は約400近く。学科の名称ははるかにそれを超えるそうです。これらの名称からわかるように，知識の社会的，文化的貢献を意識したものです。国際，情報，環境などの名称がそのことをよく物語っています。「はじめに」や第3章で見たように，「知識基盤社会」とは「知識が社会，経済の発展に駆動する基本的な要素である」社会のことです。知識は，本来，その時代の社会や文化と切り離されたものではないのです。

教師自身が，学生たちに寄り添って，授業を展開しているのか

さらに，第1章で見たように，学生たちは「暖かい」授業を望んでいるのです。

学生たちは，次のような教師の授業態度が望ましいと言っています。「具体的な事例や教師自身の経験談が語られたり」「ジョークや余談があり」「生徒との間にアイ・コンタクトがあり」「ときに，笑いが生じるような授業」が望ましい，と言うのです。教師の話術にも触れ，「説得のある，親しみやすい話し方」が必要である，とも言うのです。

他方，次のような教師の授業態度は望ましくないと言っています。「威圧的，さげすむ，見下す態度」「熱意が感じられない，目を見て話さない，笑い顔のない，小声で表現力に乏しい授業態度」「雑談やジョーク，ユーモアのない態度」を指摘しています。

このことの持つ意味は，大衆化した大学の時代になって，極めて，重

第8章　学生たちに果敢に挑戦する,自分らしい「コース・シラバス（授業計画案）」を作成しよう

大です。大学はもはや一部エリートと言われる学生だけの教育機関ではありません。繰り返し強調しておきますが，成熟期の大学は，入学してきた多様な学生一人ひとりが大学での学習を自らのものとし，自らの個性を育む学習の場であるべきです。そのことこそ，大学が成熟したという証拠になるべきです。

　教師が高みに立って，学生たちを「指導してやるのだ」という態度はもはや時代遅れです。

索　引

ア

ICT（Information and Communication Technology）　4, 115
アカウンタビリティ（accountability）　149, 156
アカデミック・アドバイザー（academic advisor）　61
アクティブ・ラーナー（active learner）　169, 170
アサインメント（assignment, 予習, 課題）　43, 51, 160, 176
「アサインメント（予習，課題）＋講義」モデル　48
足がかりとなる場（scaffolding）　77, 79
圧縮ポートフォリオ　111
アップル，M.（Mike Apple）　36
安藤輝次　31
e-ラーニング　55
いとう・せいこう　27
インデペンデント・スタディ（Independent Study）　60, 158
ヴィゴツキー，L. S.（Lev Semenovich Vygotsky）　86
上田薫　80, 85
上野千鶴子　74

ウェビング（webbing）　45, 60, 95, 106
ウェビング図　107, 109, 147
ウエンガー，E.（Etienne Wenger）　86
疑うこと　64
AP（アドミッション・ポリシー）　151
FD（Faculty Development）　153, 169
「演習」モデル　92
オースベル，D.（David Ausubel）　50
大森不二雄　70
オールド学問領域　45

カ

ガイダンス　87
学習ガイド（学習計画表）　109, 110, 125, 135, 136, 137, 139, 140
学習環境　91
学習材（learning material）　92, 132
学習センター　92, 121
学習ツール（learning tool）　167, 168
学習パッケージ（learning package）　141, 142
学習ペース　43
学生の「生徒化」　15
「学力低下」論　70, 72
課題選択型演習　137

「課題選択型演習」モデル　57, 113, 141
課題探究活動　112, 137
課題づくり　45, 106
カタログ（catalogue）　150
学校運営協議会制度（コミュニティ・スクール）　142
カテゴリーA　40, 43, 46
カテゴリーB　40, 41, 43
カテゴリーC　41, 43
カテゴリーD　41, 43
「間接的」学習環境　134
北沢弥三郎　98
木下竹次　133
期末レポート　29
客観的な体系的知識（body of knowledge）　67, 84
「教科型」教育課程　78
教材（teaching material）　130
教授大学（teaching university）　90, 153
久保田賢一　75
クリバード, H.（Herbert M. Kliebard）　35
「グループ学習＋講義」モデル　51
ＫＪ法　106
契約学習（contract learning）　61, 144
原因感覚　36, 57, 59, 95
研究大学（research university）　90, 153
行為動詞　154
講義式授業　20, 28, 117
講義ノート　102, 126

「講義＋質疑」モデル　47
「講義」モデル　92
構成主義（constructivism）　73
構築主義（constructionism）　67, 73, 89
コース・シラバス（授業計画案）　91, 163, 175, 178
個人探究型演習　59, 104
「個人探究型演習」モデル　58, 137
個人探究型契約学習（Self-Inquiry Contract Learning）　146
個人プロジェクト学習　58
「個性的」構成主義（personalized constructivism）　83, 88, 89, 101
個別学習型契約学習（Individualized Performance-Based Contract Learning）　145
コピペ　29
「コミュニケ（声明）」型教育　40
「コミュニケーション（交流）」型教育　41

サ

サービス・ラーニング（service learning）　20, 57
サービス・ラーニング型演習　58
最終レポート　110
佐々木雄太　78
サポーター（supporter）　119
「参加型」講義　46, 62, 65, 74, 98, 116, 130
「参加型」講義モデル　47
参加型授業　39

「参画型」演習　46, 56, 62, 65, 99, 104, 117, 125, 135, 136, 143, 179
「参画型授業」　39
サンデル，M.（Michael Sandel）　52
シークエンス（順序性）　63
ＣＰ（カリキュラム・ポリシー）　151
重松鷹泰　80, 85
自己指示型学習（self-directed learning）　58, 145
自己評価　29
「視聴覚教材＋講義」　131
「視聴覚教材＋講義」モデル　50
「社会的」構築主義　84
社会的，文化的産物　89
「ジャスパー型課題づくり」授業　50
ジャスパー・プロジェクト（Jasper Project）　177
自由探究型演習　104, 148
「自由探究型演習」モデル　60, 137
自由探究型契約学習（Independent Study Contract Learning）　148
集団探究型契約学習（Group-Inquiry Contract Learning）　147
集団プロジェクト学習　60
授業モデル　66
状況的学習（situated learning）　79, 86
小グループ学習　52
情報センター　92
シラバス（授業計画案）　24, 90, 103, 149, 150, 156
シラバス（syllabus）の形式　151, 165
人工物（artifact）　76

先行オーガナイザー（advanced organizer）　50
専門科目　62
専門基礎科目　62
専門基礎教育課程　61
専門教育課程　61
専門的雰囲気　121
「総合型」教育課程　78
総合的専門科目　78
操作活動（hands-on activity）　99
双方向的な授業　19, 33, 37, 90
ソシュール，F.（Ferdinand de Saussure）　128

タ

「ダイアローグ型講義」モデル　52, 178
大学の「学校化」　15
大学の目標　34
体系的知識（body of knowledge）　84
高浦勝義　69
武内清　15
竹内通夫　84
タスク・ストリーム（Task Stream）　123
タブレット端末　44
知識基盤社会（knowledge-based society）　61, 66, 75, 182
知識の創造　63
知識の伝達　63
知的創造活動　83
中間レポート　29, 110
「直接的」学習環境　134

索　引

通説・常識　64
TIMSS　68, 74
TA（ティーチング・アシスタント）　157
DP（ディプロマ・ポリシー）　151
ディベート（討論）授業　53
デューイ, J.（John Dewey）　98
デューイの研究　35
寺崎昌男　35
伝達と創造　73
動機づけ　105, 106
統合（integration）　88
到達目標　154
動的相対主義　85
「ドリル学習」モデル　27

ナ

ナッシュフィールド（Nashfield）プロジェクト　97
西田幾多郎　80
ニュー学問領域　45
認知行為　114

ハ

バイ・ドゥーイング（by doing）　98
白熱授業　44, 178
発見（discovery）　83
発生・発達史　79
発明（invent）　83
バンキング・モデル（banking model）　101
反省的思考　111
反転授業（Flipped Classroom）　44, 49, 161, 176
ピアジェ, J.（Jean Piaget）　83
PISA　68, 74
振り返りシート　112
フレイレ, P.（Paulo Freire）　40, 41
ブレインストーミング　106
プローバー, C.（Charles G. Prober）　49
プロジェクト学習　58
プロセス評価（process assessment）　110
「文化遺産」の継承　76
文化の創造　76
ヘゲモニー（hegemony）　34, 36
ポートフォリオ（portfolio）　110
ポートフォリオ評価　31, 110
本質主義（エッセンシャリズム）　73

マ

マイペース型演習　56, 104
「マイペース型演習」モデル　55, 141
マトリックス　38
学ぶこと　64
学ぶことと疑うこと　73
マモラ, C.（Claire Mamola）　165
「マン・ツゥ・エンヴァイロメント（Man-To-Environment）」システム　119,
「マン・トゥ・マン（Man-To-Man）」システム　117
ムードル（Moodle（Modular Object-Oriented Dynamic Learning Environment））　59, 123, 132

189

メタ認知 (meta-recognition) 37, 50, 57, 59, 95, 101, 111
メタ認知行為 37, 114
メンター (mentor) 119
問題提起型学習 25

ヤ・ラ・ワ

良い授業 18, 90
ラーニング・バイ・ドゥーイング (learning by doing) 97, 100
リアクション・ペーパー 23, 28, 51
履修モデル 88
劉向 98
ルーレグ (Rule・Example) 法 106
レイブ, J. (Jean Lave) 86
ワークショップ型演習 104, 113, 147
「ワークショップ型演習」モデル 60, 137
悪い授業 19

◇著者紹介

加藤幸次

1937年，愛知県に生まれる。
名古屋大学大学院，ウィスコンシン大学大学院修了。
現在：上智大学名誉教授，前名古屋女子大学教授，日本個性化教育学会会長，グローバル教育学会顧問，アメリカ教育学会会長，社会科教育研究センター会長。
著書：『ティーム・ティーチングの考え方・進め方』黎明書房，1993年。
『総合学習の実践』黎明書房，1997年。
『中学校の総合学習の考え方・進め方』黎明書房，1998年。
『総合学習のためのポートフォリオ評価』黎明書房，1999年。
『学力低下論批判』黎明書房，2001年。
『小学校 個に応じる少人数指導』黎明書房，2002年。
『学力向上をめざす個に応じた国語・算数の指導（小学校）』黎明書房，2004年。
『学力向上をめざす個に応じた国語・数学・英語の指導（中学校）』黎明書房，2004年。
『学力向上をめざす個に応じた理科・社会の指導（小学校）』黎明書房，2004年。
『学級担任が教える小学校の英語活動』黎明書房，2006年。
『教員免許更新制と評価・認定システム』黎明書房，2008年。
『ウェビング式教員免許更新のための必修講習ガイドブック』黎明書房，2009年。
『分厚くなった教科書を活用した40の指導法』黎明書房，2011年。

大学授業のパラダイム転換

2014年2月1日　初版発行

著　者　　加　藤　幸　次
発行者　　武　馬　久仁裕
印　刷　　舟橋印刷株式会社
製　本　　株式会社　渋谷文泉閣

発 行 所　　株式会社　黎明書房

〒460-0002　名古屋市中区丸の内3-6-27　EBSビル
☎052-962-3045　FAX 052-951-9065　振替・00880-1-59001
〒101-0047　東京連絡所・千代田区内神田1-4-9　松苗ビル4F
☎03-3268-3470

落丁本・乱丁本はお取替します。　　　　　　　　　ISBN978-4-654-01893-2
© Y.Kato, 2014, Printed in Japan

加藤幸次・高浦勝義編著　　　　　　　　　Ａ５判・248頁　2600円
学力低下論批判
子どもが"生きる"学力とは何か／「ゆとり」教育は本当に学力低下を生み出しているのか。教育学研究の第一線で活躍する執筆陣が，真の学力とは何かを明らかにする。学力低下論者への強力な反論。

論文集編集委員会編　　　　　　　　　　　Ａ５判・296頁　3200円
学力の総合的研究
学校教育がめざす「学力」とは何かを，高浦勝義他，国立教育政策研究所を中心とした，第一線で活躍する研究者らが徹底追究。学力研究の意義と課題／学力の研究と調査／学力の育成と学習指導／他

加藤幸次・安藤輝次著　　　　　　　　　　Ａ５判・231頁　2400円
総合学習のためのポートフォリオ評価
子どもが自らの学びを評価し，次なる学びに連動させる手段であるポートフォリオの定義，基礎理論，準備，実施法などについて実践を交えて詳述。

加藤幸次著　　　　　　　　　　　　　　　Ａ５判・223頁　2300円
ウェビング式教員免許更新のための必修講習ガイドブック
必修領域の８つの細目ごとに，ウェビングの手法を使い，教育の最新事情の効率的な講義の手順を示し，講義内容を分かりやすく整理。講師にも受講者にも役立つ内容豊かなガイドブック。

鈴木正幸・加藤幸次・辻村哲夫編著　　　　　Ａ５判・218頁　2200円
教員免許更新制と評価・認定システム
神戸国際大学で行われた予備講習の実際と受講者の声を紹介するとともに，教員免許更新制度の内容，講習のあり方，評価・認定基準等，制度の全体像を詳細に語る。

加藤幸次著　　　　　　　　　　　　　　　Ａ５判・144頁　2000円
分厚くなった教科書を活用した40の指導法
今度こそ「教科書"で"教えよう」／分厚くなった教科書を効率よく使って，詰め込みにならずに，学習指導要領の示す各教科の目標を確実に達成する40の方法を具体的に紹介。教科書利用の即応マニュアル。

加藤幸次・佐野亮子編著　　　　　　　　　Ｂ５判・122頁　2300円
学級担任が教える小学校の英語活動
英語で総合学習をしよう／ＡＬＴや英語の専科教師に頼らず，日本人である学級担任が，日本語に英語を混ぜながら進める「総合的学習」による，１〜６年の新しい英語活動の実際を紹介。

表示価格は本体価格です。別途消費税がかかります。

■ホームページでは，新刊案内など，小社刊行物の詳細な情報を提供しております。「総合目録」もダウンロードできます。http://www.reimei-shobo.com/